부활의 주와
함께 살라

어느 금요일의
여섯 시간에 일어난
예수 그리스도의 승리

SIX HOURS ONE FRIDAY

Originally published in English as Six Hours One Friday
Copyright ⓒ 1989, 2004 by Max Lucado

Published by arrangement with Thomas Nelson,
a division of HarperCollins Christian Publishing, Inc. through rMaeng2,
Seoul, Republic of Korea.
All rights reserved.

This Korean translation edition Copyright ⓒ 2020 by Word of Life Press, Seoul,
Republic of Korea

이 한국어판의 저작권은 알맹2 에이전시를 통하여 Thomas Nelson과 독점 계약한 생명의말씀사에 있습니다. 신저작권법에 의하여 한국 내에서 보호받는 저작물이므로 무단 전재와 무단 복제를 금합니다.

부활의 주와
함께 살라

ⓒ 생명의말씀사 2020

2020년 2월 24일 1판 1쇄 발행

펴낸이 | 김재권
펴낸곳 | 생명의말씀사

등록 | 1962. 1. 10. No.300-1962-1
주소 | 서울시 종로구 경희궁1길 5-9(03176)
전화 | 02)738-6555(본사)·02)3159-7979(영업)
팩스 | 02)739-3824(본사)·080-022-8585(영업)

기획편집 | 임선희
디자인 | 박소정, 조현진
인쇄 | 예원프린팅
제본 | 정문바인텍

ISBN 978-89-04-16704-3 (03230)

저작권자의 허락없이 이 책의 일부 또는 전체를
무단 복제, 전재, 발췌하면 저작권법에 의해 처벌을 받습니다.

본서는 2003년에 출간되었던 「그 금요일의 여섯 시간」(좋은씨앗) 원서 개정판을
번역 출간한 것입니다.

부활의 주와 함께 살라

어느 금요일의 여섯 시간에 일어난 예수 그리스도의 승리

맥스 루케이도 지음 / 박상은 옮김

목차

감사의 글 / 06
시작하는 글 – 닻을 깊이 내려라 / 08

1. 허리케인 경보 / 12

1부. 닻을 내릴 지점 1 – 인생은 허무하지 않다

2. 피로 회복을 위한 하나님의 처방 / 34
3. 두 개의 묘비 / 44
4. 살아 있는 증거 / 62
5. 타는 횃불과 살아 있는 약속 / 72
6. 천사의 메시지 / 84
7. 기억하라 / 98

2부. 닻을 내릴 지점 2 - 실수는 치명적이지 않다

8. 치명적인 실수 / 116

9. 크리스투 헤뎅토르 / 126

10. 황금잔 / 142

11. 집으로 돌아오라 / 156

12. 은혜의 전설 / 172

13. 11시의 선물 / 182

3부. 닻을 내릴 지점 3 - 죽음은 끝이 아니다

14. 하나님 vs. 죽음 / 194

15. 환상인가, 실제인가? / 202

16. 영원의 불꽃 / 210

17. "나사로야, 나오너라!" / 232

18. 축하 파티 / 242

19. 마지막 인사 / 252

감사의 글

이 책은 적도의 이쪽에서 시작하여 저쪽에서 끝났다. 양쪽 모두에 감사할 사람이 많다.

브라질 리우데자네이루(Rio de Janeiro)의 그리스도인들에게 – 그곳에서의 근사한 5년에 대해 감사드립니다. "오브리가두 포르 투두!"("Obrigado por tudo!" 여러 가지로 고맙습니다!)

오크힐(Oak Hills)의 그리스도인들에게 – 여러분의 믿음과 헌신은 제게 영감을 줍니다.

짐 툼즈(Jim Toombs), 마이크 코프(Mike Cope), 러벨 셸리(Rubel Shelly), 랜디 메이유(Randy Mayeux), 짐 우드루프(Jim Woodroof)에게 – 따뜻한 말과 좋은 충고에 감사드립니다.

론 베일리(Ron Bailey)에게 – 당신은 적시에 적절한 조언을 해 주었습니다. 고맙습니다.

가혹한 편집자 리즈 히니(Liz Heaney)에게 – 어떻게 하면 그렇게 되는지 모르겠지만 당신은 석탄을 다이아몬드로 바꾸는 재주가 있는 것 같습니다.

비서 메리 스타인(Mary Stain)에게 – 당신이 없었다면 어떻게 되었을까요? 타이핑하고, 타이핑하고, 또 타이핑하고….

마르셀 르 갈로(Marcelle Le Gallo)와 캐슬린 매클리리(Kathleen McCleery)에게 – 메리의 일을 대신 해 주어서 메리가 내 일을 할 수 있게 해 주신 것 감사드립니다.

그리고 특히 아내 데날린(Denalyn)에게 – 당신은 내가 집에 돌아와서 쉬는 시간을 하루 중 가장 즐거운 시간으로 만들어 줍니다.

시작하는 글 – 닻을 깊이 내려라

당신은 화를 내며 하나님에게서 멀어져 간 사람들을 아는가? 나는 알지 못한다. 당신은 오랜 시간에 걸쳐 점차적으로 믿음을 잃어버린 사람들을 아는가? 나도 안다.

하나님에 대한 분노나 성경에 대한 불신 때문에 믿음을 저버리는 사람은 거의 없다. 당신이 다니는 교회의 교인 수가 줄었다면 그것은 하루아침에 일어난 일이 아닐 것이다. 평소에 조금씩 줄어들었을 것이다.

히브리서에서 이 과정을 어떻게 묘사하고 있는지 보자. "그러므로 우리는 들은 것에 더욱 유념함으로 우리가 흘러 떠내려가지 않도록 함이 마땅하니라"(히 2:1).

영적인 항해를 하는 사람이 마주하게 되는 위험은 무엇인가? 바로 떠내려가는 것이다. 항로에서 벗어나는 것이다. 목적 없이 부유

하는 것이다. 방향을 잃고 헤매다가 항해도에도 없는 낯선 바다에 남겨지는 것이다.

만약 당신이 신앙을 잃는다면, 그것은 점진적으로 이루어질 것이다. 당신은 조금씩 영적인 의무를 게을리하게 될 것이다. 며칠씩 나침반을 보지 않을 것이다. 돛을 손질하지 않을 것이다. 항해에 필요한 장비를 준비하지 않을 것이다. 무엇보다도 닻을 내리는 것을 잊어버릴 것이다. 그러다가 당신도 모르는 사이에 격랑에 휩쓸리게 될 것이다.

닻을 깊이 내리지 않으면 당신은 언제든 떠내려갈 수 있다.

그렇다면 어떻게 해야 닻을 깊이 내릴 수 있을까? 다시 히브리서를 보자. "그러므로 우리는 들은 것에 더욱 유념함으로…."

폭풍 속의 평안은 새로운 메시지를 찾는 데서 오는 것이 아니라 오래된 메시지를 이해하는 데서 온다. 닻을 내릴 지점으로 가장 믿을 만한 곳은 최근에 발견된 곳이 아니라 시간이라는 시험대를 통과한 진리, 변화의 바람에 맞서 자기 자리를 든든히 지키고 있는 진리다. 예컨대 다음과 같다.

인생은 허무하지 않다.
실수는 치명적이지 않다.
죽음은 끝이 아니다.

이 진리의 바위에 당신의 영혼을 붙잡아 매어 두면 그 어떤 거센 파도에도 쓸려 가지 않을 것이다.

당신이 이 진리의 바위에 닻을 내리는 데 이 책이 도움이 되기를 기도한다.

이 책에 나오는 스터디 가이드는 보다 많은 도움이 될 것이다. 이것은 개인 경건의 시간에 활용해도 좋고 소그룹 모임이나 수업 시간에 활용해도 좋다. 3단계에 걸쳐 이 책의 각 장을 다시 살펴볼 수 있도록 구성되어 있다.

1단계 – 마음의 닻

이 단계에서는 본문의 중요한 부분을 인용하고 핵심 질문에 답하게 함으로써 본문의 내용을 다시 살펴보게 한다.

2단계 – 영혼의 닻

여기서는 성경의 병행구절을 사용하여 그 장의 요점을 보다 명확하게 한다.

3단계 – 인생의 닻

본문의 메시지를 삶에 적용하는 단계다. 떠내려가는 것을 피하고 싶은가? 그렇다면 이 단계의 과제에 대해 생각해 보는 시간을 가져라.

이 스터디 가이드를 준비하느라 애써 준 스티브 할리데이(Steve Halliday)와 리즈 히니에게 깊이 감사드린다.

마지막으로 덧붙이고 싶은 말이 있다.

절대로 다른 누군가의 판단에 의지하여 닻을 내리는 것에 만족하지 말라. 가족에게 물려받았거나 친구들에게서 빌려 온 믿음에 안주하지 말라. 그들의 도움과 가르침은 중요하지만, 언제 당신 혼자 허리케인에 맞서게 될지 모르는 일이다. 그러므로 마음을 굳건히 하라. 뱃사람의 조언을 받아들여 "닻을 깊이 내리고, 기도하고, 기다리라."

1.

허리케인 경보

1979년 노동절 주말. 미국 전역이 여름과의 마지막 왈츠를 즐기는 중이었다. 사람들은 주말 가족모임을 하고, 캠핑을 떠나고, 피크닉을 갔다. 단, 마이애미는 예외였다.

미국의 다른 모든 지역이 즐거운 한때를 보낼 때 플로리다 남부의 골드코스트(the Gold Coast)는 경계 태세에 돌입했다. 허리케인 '데이비드'가 카리브해 일대를 쑥대밭으로 만들며 몰려오는 중이었기 때문이다.

허리케인이 몰려올 때 플로리다 사람들은 대비하라는 말에 놀라지 않는다. 그들은 알아서 유리창에 테이프를 붙이고, 통조림 음식을 사고, 손전등을 점검했다. 허리케인 '데이비드'가 당장이라도 불어 닥칠 수 있었기 때문이다.

마이애미 강에서는 한 무리의 청년들이 허리케인으로부터 하우스보트(houseboat, 주거용 배)를 구할 방법을 생각하고 있었다. 대단히 좋은 배라서가 아니다. 그것은 그저 소박한 선실이 있는 고물 바지선에 불과했다. 하지만 그것은 집이었다. 뭔가 하지 않으면 그들의 집이 강바닥에 가라앉을 상황이었다.

그들은 허리케인을 겪어 보기는커녕 보트 생활을 해 본 적도 없었다. 노련한 뱃사람이라면 이런 풋내기들을 보며 한바탕 웃음을 터뜨렸을 것이다.

그들의 행동은 마치 〈특전 네이비〉(McHale's Navy, 1962-66년에 미국 ABC 방송국에서 방영한 시트콤-역주)의 재방송 같았다. 〈특전 네이비〉에서 사람들은 '퀸 메리' 호를 묶어 두기에 충분한 길이의 밧줄을 샀다. 그런 다음 배를 나무에 묶고, 계류 기둥에 묶고, 배 자체도 밧줄로 칭칭 동여맸다. 일을 다 마쳤을 때쯤 배는 마치 거미줄에 걸린 것처럼 보였다. 정신없이 모든 것에 배를 묶어 두었기에, 그들 중 한 명에게 묶지 않은 게 이상할 정도였다.

내가 하우스보트에 닥친 위기를 어떻게 그토록 잘 아는지 궁금한가? 당신의 짐작이 맞다. 보트 주인이 바로 나였다.

내가 하우스보트로 무엇을 하려 했는지는 묻지 마라. 한편으로는 모험을 즐기고 싶은 마음에, 다른 한편으로는 가격이 적당해서 샀던 것 같다. 그러나 그 노동절 주말에 겪은 모험은 내가 상상했던 것 이상이었다. 나는 그 보트를 3개월 할부로 구입했다. 그런데 드디어

내 소유가 된 보트를 허리케인에 잃을 위기에 처한 것이다! 나는 필사적이었다. 내 머릿속에는 '보트를 단단히 묶어 둬야 해!'라는 생각뿐이었다.

내가 밧줄 끄트머리를 이리저리 만져 보고 있을 때 '필'이 나타났다. 필은 보트에 대해 잘 알았다. 심지어 해박해 보이기까지 했다. 그는 타고난 뱃사람이었다. 그는 전문 용어를 구사했으며, 다양한 매듭법을 알았다. 허리케인에 대해서도 잘 알았다. 소문에 의하면 그는 3미터 길이의 보트를 타고 사흘간 허리케인을 견뎌 냈다고 한다. 그에 관한 흥미진진한 이야기들이 그를 살아 있는 전설로 만들어 주었다.

우리를 딱하게 여긴 필이 몇 가지 조언을 해 주었다.

"보트를 나무에 매어 두면 후회하게 될 거야. 허리케인이 나무를 날려 버릴 테니까. 유일한 희망은 닻을 깊이 내리는 거지. 네 개의 닻을 각기 다른 지점에 내리고 밧줄을 느슨하게 풀어 준 뒤 보트가 무사하기를 기도해."

닻을 깊이 내려라!

좋은 충고였다. 우리는 그 충고를 받아들였고… 그다음에 어떻게 됐는지 말하기 전에 먼저 닻을 내릴 지점에 대해 이야기해 보기로 하자.

이 글을 읽는 누군가도 폭풍을 만났을 수 있다. 일기가 좋지 않고 해수면이 높아진다. 그리고 나무가 휘기 시작하는 게 보인다.

당신은 할 수 있는 모든 것을 했지만, 결혼생활은 여전히 위태롭다. 파경을 맞는 건 시간문제다.

당신은 너무 많은 일을 맡았다. 그 일은 맡지 말아야 했다. 도저히 마감일을 지킬 방법이 없다. 약속한 기한 안에 일을 마치지 못하면 당신은….

당신은 일주일 내내 이 미팅을 두려워했다. 회사에서는 이미 몇 명을 해고한 상황이다. 구조조정 때문이 아니라면 왜 인사부장이 당신을 만나자고 했겠는가? 집에는 갓난아이도 있는데 이제 어찌할 것인가?

어쩌면 바람이 이미 강풍으로 바뀌어 당신은 날아가지 않으려고 필사적으로 버티고 있는지도 모른다.

"왜 우리 아들이어야 하지?" 당신은 이 말밖에 할 수 없다. 장례식이 끝나고 조문객도 물러갔다. 이제 당신과 추억과 "왜 나한테 이런 일이…?"라는 질문만 남았다.

"검사 결과가 나왔습니다. 악성 종양이에요." 당신은 고비를 넘겼다고 생각했는데 또다시 수술을 해야 하는 상황이 되었다.

"다른 업체가 선정됐어요." 이번 일은 당신의 마지막 희망이었다. 입찰 경쟁 실패는 회사 문을 닫아야 함을 의미한다. 그 일을 수주할 수 있다면 한 분기는 더 버틸 수 있을 텐데… 이제 어찌할 것인가?

파도가 우리의 기쁨을 쓸어 간다. 바람이 우리의 희망을 뿌리째 뒤흔든다. 밀려오는 조수가 우리의 삶을 잠식한다.

나는 이 장을 마무리할 때쯤 허리케인을 만났다. 경보가 발령된 것은 회의 도중에 걸려 온 전화를 통해서였다. 우울한 소식을 전한 기상예보관은 아내였다. "여보, 방금 당신 누나한테 전화가 왔는데, 어머님이 내일 아침 8시에 관상동맥우회수술을 받으신대요."

나는 급히 항공사 몇 곳에 전화를 걸고 가방에 옷가지를 쓸어 담은 뒤 마지막 비행기의 마지막 남은 좌석에 올라타기 위해 공항으로 질주했다.

고통에 대해 사유할 시간도 없었고, 죽음의 신비를 분석할 시간도 없었다. 닻을 내리기 적당한 장소를 찾을 시간이 없었다. 그저 닻을 내리고 가만히 앉아서 내가 제대로 된 곳에 닻을 내렸기만을 바랄 뿐이었다.

닻을 내릴 지점. 그곳은 단단한 바위들이 깊숙이 가라앉아 견고한 기반을 이루는 곳이어야 한다. 당신이 탄 보트가 떠내려가지 않도록 지탱해 주는 것은 지나가는 말이나 추측이 아니라 부인할 수 없는 진리다. 당신이 닻을 내리고 있는 진리는 얼마나 단단한가? 다음의 세 가지 폭풍을 만났을 때도 당신의 삶이 흔들리지 않을 만큼 견고한가?

허무. 당신은 승진에 승진을 거듭했다. 충분히 만족할 만하고 기뻐할 만하다. 당신은 목표한 바를 이뤘다. 집도 있고 직장도 있다. 삶도 안정적이다. 자동차가 두 대나 있고, 은행 잔고도 나쁘지 않다. 누가 봐도 만족할 만한 삶이다.

그런데도 당신은 왜 불행한 것일까? 밀물이 있으면 썰물도 있다는 것을 알기 때문일까? 당신의 학위나 승진이 당신을 잠 못 들게 하는 의문들에 해답을 제시하지 못하기 때문일까? "이게 다 무슨 소용이람!" "내가 한 일을 누가 알아주겠어?" "누가 내게 관심이나 있겠어?" "이 모든 게 어떤 의미가 있는 걸까?"

실수. 당신은 더 이상 감출 수 없다. 당신이 일을 그르쳤다. 당신이 틀렸다. 당신이 모든 사람을 실망시켰다. 우뚝 서기는커녕 넘어져서 코가 깨졌다. 앞으로 나아가는 대신 뒷걸음질 쳤다. 결코 하지 않겠다고 맹세한 바로 그 일을 했다.

당신이 내린 닻은 모래 위에 질질 끌리기만 할 뿐, 바위에 걸리지 않는다. 곧 단단한 바위에 닻을 내리지 못하면 '당신의 마음'이라는 선체는 산산조각이 날 것이다.

죽음. 미국에서는 다음과 같은 장면이 매일 수천 번씩 되풀이된다. 말끔하게 손질된 잔디 위의 접이의자들, 캔버스 천으로 된 그늘막 아래에 자리한 단정한 옷차림의 사람들, 갑 티슈, 눈물, 금속관, 꽃, 흙, 열린 무덤.

그것은 유한성의 물결이다. 유한성의 파도가 수없이 해안을 때리지만, 당신이 그 파도에 맞으리라고는 생각해 본 적이 없다. 그러나 생각지도 못한 파도가 당신을 강타하며 당신의 젊음과 순수함과 연인과 친구를 쓸어 간다. 당신은 뼛속까지 젖은 채 오들오들 떨고 있다. 다음 차례는 당신이 아닐까 생각하면서….

허무, 실수, 죽음.

당신은 이 괴물들과 홀로 맞설 필요가 없다. 필의 조언을 귀담아들으라. 그 조언은 물속에서나 물 바깥에서나 똑같이 효과가 있다. 닻을 깊게 내리라.

허리케인이 몰려오는가? 이 책에서는 닻을 내릴 지점 세 곳을 살펴보고자 한다. 어떤 폭풍도 견딜 수 있는 세 개의 돌, 집채만 한 파도가 밀려와도 끄떡없는 세 개의 바위, 당신이 닻을 내릴 수 있는 세 개의 암석에 대해 말이다. 닻을 내릴 지점 세 곳은 2,000년 전, 자신이 '그리스도'라고 주장하는 한 목수에 의해 기반암 속에 단단히 심어졌다. 그리고 그 모든 것은 하루 만에 이루어졌다. 어느 금요일에, 어느 금요일의 여섯 시간 동안에.

얼핏 보면 그다지 특별할 것 없는 여섯 시간이다. 여느 금요일과 같은 금요일이다. 일상적이고 예측 가능한 여섯 시간이다.

어느 금요일의 여섯 시간.

목자가 양떼를 돌보고, 주부가 청소를 하고 집 안 정리를 하며, 의사가 태어나는 아기를 받고, 죽어 가는 노인의 열을 내리기에 충분한 시간.

오전 9시부터 오후 3시까지의 어느 금요일의 여섯 시간.

다른 모든 시간이 그렇듯 생의 신비로 가득한 여섯 시간.

한낮의 태양이 유대의 시골 지역에서 흔히 볼 수 있는 그림자를 드리운다. 양떼 가까이에 있는 목자의 검은 실루엣이다. 목자는 하늘을 올려다본다. 구름 한 점 없이 맑은 하늘이다.

목자는 다시 양떼에 시선을 준다. 양들은 돌이 많은 언덕에서 게으르게 풀을 뜯고 있다. 몇 그루의 플라타너스가 그늘을 제공한다. 목자는 비탈길에 앉아 풀잎을 입에 문다. 그리고 양떼 너머 아래쪽 도로를 본다.

며칠 만에 처음으로 도로가 한산하다. 지난주는 순례객의 행렬이 끝없이 이어졌고, 거기에 동물들과 짐수레까지 뒤섞여 번잡하기 이를 데 없었다. 며칠 동안 목자는 이곳에서 그들을 지켜봤다. 그들의 말소리를 듣지는 못했지만 목자는 그들이 10여 가지 방언으로 말한다는 것을 안다. 그들과 대화를 나누지는 않았지만 그들이 어디를 가며, 왜 가는지 안다.

그들은 예루살렘으로 향하는 중이었다. 예루살렘 성전에서 양을 희생제물로 바칠 참이었다. 목자에게는 유월절 축제가 모순되게 느껴진다. 거리는 사람들로 북새통을 이루고, 장터는 염소 울음소리와 새장수의 호객 소리로 가득하다.

유월절 축제의 전통은 끊임없이 이어진다. 사람들은 축제를 즐기고, 아침 일찍 일어나서 밤늦게 잠자리에 든다. 그들은 다양한 구경거리에 기이한 만족을 느낀다.

하지만 목자는 그렇지 않다.

동물제사로 비위를 맞춰야 하는 신은 대체 어떤 신일까?

목자의 의구심은 언덕 이외의 장소에서는 결코 목소리를 내지 않는다. 하지만 오늘은 큰 소리로 외친다.

목자의 마음을 어지럽히는 것은 동물의 죽음이 아니라 이 모든 것이 끝없이 되풀이된다는 것이다. 그는 사람들이 오고 가는 것을 얼마나 오랫동안 보아 왔는지 모른다. 얼마나 많은 주거용 마차를 보았고, 얼마나 많은 희생제사를 보았던가! 동물의 피 묻은 사체를 얼마나 많이 보았던가!

기억들이 그를 붙들고 좀처럼 놓아 주지 않는다. 통제되지 않은 분노의 기억들, 통제되지 않은 욕망과 통제되지 않은 불안의 기억들이다. 너무나 많은 실수, 너무나 많은 잘못, 너무나 많은 죄악. 신은 너무도 멀리 있는 듯하다. '무수히 많은 양이 죽고 무수히 많은 유월절이 지났지만, 내 느낌은 여전하구나.'

목자는 고개를 돌려 다시 하늘을 쳐다본다. 또 다른 양의 피를 흘리는 것이 정말로 중요할까?

주부인 그녀는 집 안에 앉아 있다. 금요일이다. 그녀는 혼자이고, 제사장인 남편은 성전에 있다. 점심을 먹을 시간이지만 식욕이 없다. 더욱이 혼자 먹으려고 음식을 하게 되지는 않는다. 그녀는 가만히 앉아 창밖을 내다본다.

집 앞의 좁은 골목은 사람들로 가득하다. 젊었을 때라면 그녀도 거리로 나갔을 것이다. 딱히 나갈 이유가 없어도 그랬을 것이다. 인파에 섞여 세상 구경을 하다 보면 절로 힘이 나던 시기가 있었다. 하지만 지금은 아니다. 이제 그녀의 머리는 반백이 되었고 얼굴에는 주름살이 가득했다. 그녀는 피곤했다.

그녀는 여러 해 동안 유월절 명절을 지냈다. 여러 해 동안 순례객들을 봐 왔다. 수많은 여름이 가고, 그와 더불어 그녀의 젊음도 사라져 갔다. 그녀를 괴롭히던 의문들만 남긴 채….

젊었을 때 그녀는 너무 바빠서 차분히 앉아서 생각할 시간이 없었다. 아이들을 길러야 했고, 식사 준비를 해야 했다. 늘 바쁘게 움직여야 했기에 그녀는 머리를 빗듯 이런저런 의문들을 빗어 넘겼다. 그러나 이제 집 안이 텅 비었고, 그녀를 필요로 했던 사람들은 다른 사람들의 필요를 돌보고 있다. 이제 오래전의 의문들이 사정없이 그녀를 몰아붙인다.

나는 누구인가? 나는 어디서 왔으며, 어디로 가는가? 이 모든 것은 왜 일어나는가?

집 안은 설렘과 흥분으로 가득하다. 한 방에서는 남자가 방 안을 왔다 갔다 하고, 다른 방에서는 여자가 힘을 준다. 여자의 이마에 땀방울이 맺힌다. 눈이 감겼다 떠진다. 여자는 웃음을 터뜨리다가 신음을 한다. 젊은 의사가 그녀를 격려한다. "얼마 안 남았어요. 조금만 더 힘을 주세요."

여자는 심호흡을 하면서 상체를 앞으로 기울이고 마지막 힘을 쏟는다. 그러고는 뒤로 축 늘어진다. 얼굴이 창백하다.

"아들이에요."

여자는 간신히 고개를 들어 의사의 넓적한 손바닥에 누워 있는 핏덩이를 본다. 임무를 완수한 의사가 만족스럽게 아기의 눈을 쓸어 준다. 아기가 눈을 뜨려고 애쓰는 모습에 미소를 짓는다. 그리고 아기를 엄마에게 건네준다.

의사가 그다음으로 방문한 집은 조용하다. 침실 바깥에 머리가 하얗게 센 여인이 앉아 있다. 방 안에는 고열에 시달리는 그녀의 남편이 누워 있다. 더 이상 손을 쓸 수 없는 상태다. 의사는 노인이 마지막 숨을 몰아쉬는 것을 무기력하게 지켜본다. 뼈만 앙상한 노인의 가슴이 오르내린다. 그의 입이 커다랗게, 입술이 하얘질 정도로 커다랗게 벌어진다. 그러고는 숨을 거둔다.

갓난아기의 눈을 쓸어 주던 바로 그 손이 이제 죽은 사람의 눈을 감긴다. 모두 어느 금요일의 여섯 시간 동안에 일어난 일이다.

의사는 머릿속에 끊임없이 맴도는 의문들을 몰아내려 애쓴다. 오늘은 거기에 귀 기울일 시간이 없다. 그렇지만 의문들이 끈질기게 따라붙는다.

'병을 낫게 하는 것이 죽음을 지연시킬 뿐이라면 왜 치료하는가?'

'힘이 솟았다가 사라지는 것이라면 왜 힘을 주는가?'

'사람은 왜 태어나서 죽는가?'

'죽음의 다음 희생자를 가리키는 비뚤어진 손가락의 주인은 누구인가?'

'임의로 사람의 몸에서 영혼을 분리하는 이는 누구인가?'

의사는 어깨를 으쓱한 뒤 잿빛으로 변한 얼굴에 천천히 이불을 덮어 준다.

어느 금요일의 여섯 시간.

일견 평범해 보이는 여섯 시간이다. 목자가 양떼를 돌보고, 주부가 생각에 잠겨 있으며, 의사가 환자를 돌보는 일상적인 시간. 그러나 경외감에 사로잡힌 몇몇 사람은 더없이 놀라운 기적을 목도한다.

신이 십자가에 달린다. 우주의 창조주가 처형될 것이다.

그의 뺨에는 침과 피가 엉겨 붙어 있고, 그의 입술은 갈라지고 부어올랐다. 가시가 그의 두피를 찌른다. 극심한 고통에 폐가 비명을

지른다. 다리에 경련이 인다. 고통으로 신경이 끊어질 듯하다. 그러나 죽음은 아직 준비가 안 되었다. 그리고 그를 구할 사람은 아무도 없다. 그는 스스로 희생제물이 되었기 때문이다.

그것은 여느 때의 평범한 여섯 시간이 아니었다. 평범한 금요일이 아니었다.

몸이 으스러지는 것보다 더 나쁜 것은 마음이 갈기갈기 찢어지는 것이었다.

동족이 그의 죽음을 요구했다.

제자가 그에게 배반의 입맞춤을 했다.

친구들이 피할 곳을 찾아서 달아났다.

그리고 이제 아버지가 그에게서 등을 돌리려 한다.

어느 목격자는 이렇게 묻지 않을 수 없었다. "예수여, 스스로를 구원할 생각은 없는가? 왜 거기에 그러고 있는가? 왜 십자가에 달렸는가? 신이라면 능히 십자가를 벗어 던질 수 있어야 하지 않는가? 왜 가만히 있는 것인가?"

목자는 캄캄해진 하늘을 본다. 불과 몇 초 전까지만 해도 햇빛이 찬란했는데, 지금은 해가 보이지 않는다.

공기가 서늘하다. 하늘은 시커멓다. 천둥도 없고 번개도 없다. 구름도 없다. 양떼가 안절부절못한다. 불길한 기운이 감돈다. 목자는 이게 무슨 일일까 생각하며 가만히 귀를 기울인다.

이 지옥 같은 어둠은 무엇인가? 이 신비로운 일식은 뭘까? 태양에 무슨 일이 일어난 걸까?

멀리서 비명 소리가 들려온다. 목자는 예루살렘 쪽을 바라본다.

한 군인이 자신이 하는 일이 신적인 계획의 일부인 줄도 모르고 십자가에 달린 이의 옆구리를 창으로 찌른다. 하나님의 어린 양의 피가 흘러나와 세상을 정화한다.

여인이 등불을 켜자마자 그녀의 남편이 뛰어 들어온다. 커다랗게 뜬 그의 눈에 등불 빛이 반사되어 춤을 춘다. "성전 휘장이…" 그가 숨 가쁘게 말한다. "찢어졌소. 위에서 아래로 두 개로 갈라졌어!"

어둠의 천사가 가운데 십자가 위를 맴돈다.

사탄은 이 죽음에 대리자를 파견하지 않고 직접 모습을 드러냈다. 그는 기뻐하며 죽음의 손으로 생명의 눈을 쓸어내린다.

그러나 마지막 숨이 빠져나갈 때 전쟁이 시작된다.

지축이 흔들린다. 젊은 의사가 균형을 잃고 비틀거린다. 지진이다. 바위가 무너져 내린다. 마치 감옥 문이 열리고 죄수들이 자유를 찾아 내달리기라도 하는 것처럼 땅이 진동한다. 의사는 간신히 몸의 균형을 잡고 방금 세상을 뜬 사람의 방으로 돌아간다. 그런데 시신이 사라지고 없다.

어느 금요일의 여섯 시간.

당신은 그날에 대해 어떻게 생각하는가?

그 일이 정말로 일어났다면, 하나님께서 스스로 십자가의 길을 택하셨다면, 하나님께서 자기 아들에게서 등을 돌리셨다면, 하나님께서 폭풍으로 사탄을 쓸어버리셨다면, 그 금요일의 여섯 시간은 비극적인 승리로 가득할 것이다. 십자가에 달린 이가 하나님이라면 해골이라 불리는 그 언덕은 당신이 닻을 내릴 수 있는 단단한 기반암이 될 것이다.

그 여섯 시간은 여느 때의 평범한 여섯 시간이 아니었다. 역사상 가장 결정적인 시간이었다. 그 금요일의 여섯 시간 동안 하나님은 지상에 닻을 내릴 지점 세 곳을 단단히 박아 두셨다. 어떤 허리케인도 견뎌낼 수 있을 만큼 튼튼하게 말이다.

닻을 내릴 지점 1. 인생은 허무하지 않다. 이 바위는 '당신의 마음'이라는 선체를 지켜 준다. 이 바위의 주된 기능은 허무와 상대주의의 물결에 맞닥뜨렸을 때 당신이 붙잡을 수 있는 무언가를 제공하는 것이다. 그것은 진리에 대한 확신이다. 하나님이 이 세상을 주관하시며, 당신의 삶에는 목적이 있다.

닻을 내릴 지점 2. 실수는 치명적이지 않다. 하나님은 당신이 한 일이 아니라 당신을 사랑하신다. 당신은 하나님께 속해 있다. 당신을 벌할 권리가 있는 분이 당신에게 용서받을 길을 열어 주셨다. 당신은 실수하지만, 하나님은 실수하지 않으신다. 그런 하나님께서 당신을 만드셨다.

닻을 내릴 지점 3. 죽음은 끝이 아니다. 당신이 닻을 내려야 할 또 하나의 바위가 있다. 그것은 널따랗고 둥글고 무겁다. 그것은 무덤의 입구를 막고 있었지만 그리 크지는 않았다. 그 바위가 막고 있던 무덤은 일시적인 것들의 무덤이었다. 예수님은 거기서 나올 수 있음을 입증하시기 위해 그 안에 들어가셨을 뿐이다. 그분은 무덤을 나오시면서 입구의 바위를 가져다가 닻을 내릴 지점으로 만드셨다. 그러고는 그것을 '죽음'이라는 미지의 해역 깊숙이 던지셨다. 그곳에 닻을 내리면 무덤의 태풍이 부활절 주일의 미풍이 된다.

여기 그 세 개의 바위가 있다. 닻을 내릴 지점 세 곳이 있다.

허리케인 데이비드는 마이애미에 상륙하지 않았다. 해안에 도달하기 30분 전에 북쪽으로 방향을 틀었다. 내 보트가 입은 가장 큰 피해는 지나치게 열성적인 친구들 덕분에 밧줄의 일부가 불탄 것뿐이다.

허리케인이 당신도 비켜 가기 바란다. 하지만 그렇지 않을 경우 뱃사람의 조언을 받아들이라. "닻을 깊이 내리고, 기도하고, 기다리라." 그리고 누군가 물 위를 걸어와 당신에게 손을 내밀더라도 놀라지 말라.

STUDY GUIDE

마음의 닻

닻을 내릴 지점. 그곳은 단단한 바위들이 깊숙이 가라앉아 견고한 기반을 이루는 곳이어야 한다. 당신이 탄 보트가 떠내려가지 않도록 지탱해 주는 것은 지나가는 말이나 추측이 아니라 부인할 수 없는 진리다. 당신이 닻을 내리고 있는 진리는 얼마나 단단한가? 다음의 세 가지 폭풍을 만났을 때도 당신의 삶이 흔들리지 않을 만큼 견고한가?

1. 신앙생활에서 닻을 내리는 것이 필요한 이유는 무엇인가? 닻을 내릴 지점이 없다면 어떤 일이 일어날까?

2. 당신의 삶에는 닻을 내릴 지점이 있는가? 그것은 무엇이고, 얼마나 견고한가?

닻을 내릴 지점 세 곳은 2,000년 전, 자신이 '그리스도'라고 주장하는 한 목수에 의해 기반암 속에 단단히 심어졌다. 그리고 그 모든 것은 하루 만에 이루어졌다. 어느 금요일에, 어느 금요일의 여섯 시간 동안에.

1. 닻을 내릴 지점이 "기반암 속에 단단히 심어졌다"는 말은 무슨 뜻인가? 닻을 내릴 지점을 그토록 견고히 해 주는 것은 무엇인가?

2. 이 여섯 시간이 역사 속의 다른 여섯 시간과 구별되는 점은 무엇인가? 예수님의 사역이 그와 같이 짧은 시간에 이루어진 것이 놀라운 이유는 무엇인가?

당신이 닻을 내려야 할 또 하나의 바위가 있다. 그것은 널따랗고 둥글고 무겁다. 그것은 무덤의 입구를 막고 있었지만 그리 크지는 않았다. 그 바위가 막고 있던 무덤은 일시적인 것들의 무덤이었다. 예수님은 거기서 나올 수 있음을 입증하시기 위해 그 안에 들어가셨을 뿐이다.

1. 예수님은 어떤 의미에서 "일시적"이었는가? 이것을 달리 표현한 성경구절은 어떤 것이 있는가?

2. 예수님은 왜 무덤에서 "나올 수 있음을 입증"하셔야 했는가? 왜 증거를 남기셔야 했는가?

일견 평범해 보이는 여섯 시간이다. … 그러나 경외감에 사로잡힌 몇몇 사람은 더없이 놀라운 기적을 목도한다. 신이 십자가에 달린다. 우주의 창조주가 처형될 것이다. … 그리고 그를 구할 사람은 아무도 없다. 그는 스스로 희생제물이 되었기 때문이다.

1. 예수님께서 십자가에 달리신 것이 왜 "기적"인가? 이 고난의 시간에 예수님께서 무슨 생각을 하셨을 것 같은가?

2. 예수님께서 자신을 희생하신 것이 왜 중요한가? 이 질문에 대한 답을 생각할 때 어떤 느낌이 드는가?

영혼의 닻

히브리서 12장 2-13절을 읽으라.

1. 2-3절에 의하면 그리스도인의 삶에 허리케인이 닥쳤을 때 지치거나 낙심하지 않으려면 어떻게 해야 하는가? 이 조언은 실제적인 면에서 어떻게 도움이 되는가?

2. 우리가 시련을 "경히 여기거나" 시련 때문에 "낙심하는" 것은 어떤 경우인가? 6절에 따르면 하나님은 때때로 시련을 어떻게 이용하시는가?

3. 10절에 따르면 우리 삶에 '허리케인'을 허락하시는 하나님의 궁극적인 목적은 무엇인가?

4. 11절에 따르면 우리는 시련을 어떻게 느끼는가? 그러한 느낌을 하나님께서 이해하신다는 사실이 도움이 되는가? 그 이유는 무엇인가?

5. 11절에 따르면 어떤 사람들이 그와 같이 힘든 경험으로부터 유익을 얻는가?

6. 12절과 2-3절에 어떤 연관성이 있는가? 히브리서 본문에는 닻을 내릴 만한 어떤 지점이 언급되어 있는가?

인생의 닻

1. 당신이 개인적으로 닻을 내릴 수 있는 지점 다섯 가지를 적으라. 그 목록을 안전하고 평소에 자주 가는 장소에 두었다가 당신의 삶에 허리케인이 몰려올 때 읽으라.

2. 당신이 마지막으로 개인적인 허리케인을 경험한 시간을 떠올려 보라. 그때 어떻게 반응했는가? 당신에게는 닻을 내릴 지점이 있었는가? 만약 없었다면, 그 이유는 무엇인가? 만약 있었다면, 그것은 무엇이었는가?

3. 당신은 예수님께서 지상에 계실 때 어디에 닻을 내리셨을 거라고 생각하는가? 십자가에서 보내신 여섯 시간 동안 예수님은 무엇을 의지하셨을 것 같은가?

4. 5분간 시간을 내어 당신에게 닻을 내릴 지점을 마련해 주신 하나님께 감사하라. 당신이 그곳에 닻을 내린 적이 없다면 이를 고백하고, 다음에 허리케인이 몰려올 때에는 닻을 내릴 수 있게 도와 달라고 기도하라.

1부

닻을 내릴 지점 1

인생은 허무하지 않다

2.

피로 회복을 위한 하나님의 처방

늦은 밤, 잠자리에 들 시간이 지났다. 아이들은 내가 공부를 한다고 생각한다. 그리고 내가 자기들이 자는 줄 알 거라고 생각한다.

하지만 잔다고 생각하기에는 웃음소리가 너무 잦다. 속삭이는 소리도 너무 잦다. 새 인형을 꺼내려고 벽장을 들락거리는 소리도 빈번하다. 어둠 속에서 베개를 바꾸러 왔다 갔다 하는 소리가 끊이지 않는다.

늦은 밤이다. 아이들은 자야 할 시간이다. 하지만 네 살배기 제나와 두 살배기 안드레아에게 잠은 해야 할 일의 목록 제일 마지막에 나오는 항목이다.

여기 그 목록이 있다.

안드레아는 여전히 몸을 뒤척이며 발을 침대 바깥으로 내밀려 할 것이다.
제나는 베개를 부풀리고, 부풀리고, 또 부풀릴 것이다.
안드레아는 침대의 이쪽 끝에서 저쪽 끝으로 굴러다닐 것이다.
제나는 속으로 손가락을 헤아리며 상상 속 자전거에 바람을 넣을 것이다.

그러다가 잠들기 전에 아이들은 주스를 조금 더 달라고 할 것이고, 노래를 한 곡 더 불러 달라고 할 것이고, 이야기를 하나 더 들려 달라고 할 것이다.

나는 이런 상황을 좋아한다. 이것은 게임이다. 게임 참가자는 어린 시절의 기쁨과 졸린 눈이다. 게임의 이름은 '잡을 테면 잡아 봐.'이다.

잠은 하루를 마감하려 하고, 기쁨은 하루를 가능한 한 길게 늘이려 한다. 이윽고 마지막 마법의 왕국이 사라지고, 마지막 웃음소리가 잦아들고, 마지막 게임이 끝난다.

어쩌면 당신도 이럴지 모르겠다. 만약 그렇다면 당신의 하루는 좀처럼 끝나지 않을 것이다. 당신은 매 순간을 음미하고 싶을 것이다. 깨어 있고 싶은 마음에 늦게까지 잠들기를 거부할 것이다.

만약 그렇다면 축하한다. 그렇지 않다면 다수의 세계로 들어온 것을 환영한다.

우리 대부분이 잠자리에 드는 또 다른 방법을 알고 있다. 그것은 지쳐 쓰러지는 것이다. 인생은 게임으로 가득하기에 우리는 잠자리에 들 때만큼은 또 다른 게임을 원치 않는다. 우리 대부분에게 잠은 세상에 작별을 고하고 두 팔 벌려 베개를 맞이하는 것이다. 많은 사람에게 잠은 즐거움을 앗아 가는 강도가 아니라 지친 영혼에 여덟 시간의 휴식을 제공하는 피난처다.

만약 당신이 잠 못 들고 깨어 있다면 아마도 손가락이 아니라 갚아야 할 빚과 해야 할 일들, 그리고 당신이 흘린 눈물을 헤아리기 때문일 것이다.

당신은 피곤하다.
당신은 지쳤다.
당신은 깨어진 꿈의 철썩이는 파도에 얻어맞는 데 지쳤다.
밟히고 넘어지면서 끊임없이 정상을 향해 달려가는 데 지쳤다.
믿었던 누군가에게 배신당하는 데 지쳤다.
허무한 미래를 보는 데 지쳤다.

우리에게서 어린 시절의 열정을 앗아 가는 것은 무엇인가?
어린아이들은 무한한 가능성을 지녔지만 어른이 되면서 점차 무기력해진다. 〈세서미 스트리트〉(Sesame Street)는 교통 체증을 일으키고, 〈피터 팬〉(Peter Pan)의 꿈은 할아버지와 함께 땅에 묻힌다. 〈스타

트렉〉(Star Trek)의 끝없는 지평선은 스모그와 마천루에 가려 보이지 않는다.

이러한 무기력의 근원은 무엇인가?

이 피로감의 정체는 무엇인가?

이 책에서 우리는 세 가지를 살펴보려 한다. '허무'와 '실수'와 '죽음'이다.

이것은 인생 성적표의 세 가지 F학점이다. 지고 가기에 무겁고, 들고 가기에도 버거운 짐이다. 누구도 혼자 나를 수 없는 짐이다.

먼저 허무에 대해 살펴보자. 빠르게 돌아가는 일상보다 더 당신을 지치게 하는 것도 드물다. 성공을 위해 질주해야 할 때가 너무 많다. 빠른 속도로 정해진 트랙을 돌아야 할 때가 너무 많다. 오전 9시부터 오후 6시까지 이어지는 가면무도회가 너무 많다. 일 때문에 다른 소중한 것을 잃어야 할 때가 너무 많다. 결국 당신은 트랙 바깥으로 나와 허리에 손을 짚은 채 가쁜 숨을 내쉰다.

밤새워 보고서를 작성하고 수없이 출장을 다니는 것보다 더 당신을 힘들게 하는 것은 스스로에게 감히 묻지 못한 질문들이다. '이 일이 그럴 만한 가치가 있을까? 원하는 것을 얻으면 보상이 될까?'

아마도 이것이 최근에 내가 신문에서 본, 샌안토니오(San Antonio)에 사는 어느 변호사의 생각이었을 것이다.

그는 성공한 변호사로 두둑한 보수를 받으며 새로 리모델링한 집에서 아내와 함께 살고 있었다. 하지만 그것으로는 충분치 않았던 듯하다. 어느 날 그는 집에 돌아와 금고에서 권총을 꺼내 들고는 침낭 속에 들어가 스스로 목숨을 끊었다. 아내에게 '당신을 사랑하지 않아서가 아니야. 그냥 너무 지쳐서 쉬고 싶을 뿐이야.'라는 쪽지를 남긴 채.

어느 목수의 말이 그토록 우리 마음에 와 닿는 것은 이러한 피로감 때문이다. "수고하고 무거운 짐 진 자들아 다 내게로 오라. 내가 너희를 쉬게 하리라"(마 11:28).

"다 내게로 오라." 그에게 오라는 초대다. 왜 그인가? 그는 압제당하는 나라의 가난한 랍비였다. 정치인도 아니었고, 로마의 권력자들과 친분이 있지도 않았다. 베스트셀러를 쓰지도 않았고, 학위를 취득하지도 않았다.

하지만 그는 농부들의 볕에 그을린 얼굴과 가정주부들의 피곤에 찌든 얼굴을 들여다보며 그들을 쉬게 해 주겠노라 말한다. 그리고 예루살렘 종교지도자들에게 환멸을 느낀 몇몇 설교자들의 눈을 들여다본다. 금융전문가의 냉소적인 눈빛과 바텐더의 굶주린 눈빛을 응시하며 역설적인 약속을 한다. "나는 마음이 온유하고 겸손하니 나의 멍에를 메고 내게 배우라. 그리하면 너희 마음이 쉼을 얻으리니"(마 11:29).

사람들이 그에게로 나아왔다. 막다른 골목과 상업 지구에서 사람들이 나아왔다. 자기 존재의 짐을 지고 온 그들에게 그는 종교나 교리, 시스템이 아닌 평안을 주었다.

그 결과, 사람들은 그를 "주님"이라고 불렀다.

그 결과, 사람들은 그를 "구세주"라고 불렀다.

그가 말한 것 때문이 아니라 그가 행한 것 때문에, 어느 금요일의 여섯 시간 동안 십자가에서 그가 행한 일 때문이었다.

이어지는 글에서 당신은 몇몇 사람을 보게 될 것이다. 처음 보는 사람일 수도 있고 오래전부터 알던 사람일 수도 있다. 그들에게는 한 가지 공통점이 있다. 그들 모두 인생의 허무함에 지쳐 예수님께 나아왔다는 것이다. 거절당한 여인과 혼란스러워하는 족장, 어찌할 바를 모르는 제자들, 낙심한 선교사들이다.

그들은 모두 평안을 찾았다. 폭풍에 시달리던 자기 영혼을 위해 닻을 내릴 지점을 발견했다. 예수님은 인간 존재의 짐에 대한 해답을 가지고 있다고 주장하는 유일한 사람이었다. "다 내게로 오라"고 그들을 초대하셨다.

당신도 평안을 찾기를 바란다.

날마다 아기처럼 잠들기를 기도한다.

STUDY GUIDE

마음의 닻

당신은 피곤하다. 당신은 지쳤다. 당신은 깨어진 꿈의 철썩이는 파도에 얻어맞는 데 지쳤다. 밟히고 넘어지면서 끊임없이 정상을 향해 달려가는 데 지쳤다. 믿었던 누군가에게 배신당하는 데 지쳤다. 허무한 미래를 보는 데 지쳤다.

이런 느낌을 받은 적이 있는가? 만약 그렇다면, 그것에 대해 설명해 보라. 그렇지 않다면, 그런 느낌을 받은 적이 있는 누군가를 떠올려 보라. 당신이나 당신이 아는 누군가가 그런 느낌을 받은 것은 무엇 때문인가?

'이 일이 그럴 만한 가치가 있을까? 원하는 것을 얻으면 보상이 될까?' 아마도 이것이 최근에 내가 신문에서 본, 샌안토니오에 사는 어느 변호사의 생각이었을 것이다. 그는 성공한 변호사로 두둑한 보수를 받으며 새로 리모델링한 집에서 아내와 함께 살고 있었다. 하지만 그것으로는 충분치 않았던 듯하다. 어느 날 그는 집에 돌아와 금고에서 권총을 꺼내 들고 침낭 속에 들어가 스스로 목숨을 끊었다. 아내에게 '당신을 사랑하지 않아서가 아니야. 그냥 너무 지쳐서 쉬고 싶을 뿐이야.'라는 쪽지를 남긴 채.

1. 피로가 어떤 식으로 사람의 생각을 왜곡하는가?

2. 당신이 보기에 이 변호사는 자신이 추구하는 바를 이룬 것 같은가?

예수님은 인간 존재의 짐에 대한 해답을 가지고 있다고 주장하는 유일한 사람이었다. "다 내게로 오라"고 그들을 초대하셨다. 당신도 평안을 찾기를 바란다. 날마다 아기처럼 잠들기를 기도한다.

1. 오늘날 많은 사람이 인생의 문제에 대한 해답을 가지고 있다고 주장한다. 예수님의 해답은 그들의 해답과 어떻게 다른가?

2. 인간 존재의 짐에 대한 예수님의 해답을 말해 보라. 당신은 그분의 해답에 대해 어떻게 생각하는가?

3. "아기처럼" 잠드는 것에 대한 소망은 신자들이 잠을 앗아 가는 상황으로부터 보호받아야 한다는 뜻인가? 이 부분에 대해 설명해 보라.

영혼의 닻

마태복음 11장 28-29절을 읽으라.

1. 예수님은 어떤 사람들을 그분께 나아오라고 초청하시는가? 그들에게 무엇을 약속하시는가?

2. 현대인에게는 "나의 멍에를 메고"라는 표현이 익숙하지 않다. 이 구절에 관한 윌리엄 헨드릭슨(William Hendriksen)의 글을 읽고 이어지는 질문에 답하라.

유대 문헌에서 "멍에"는 의무의 총합을 말하며, 랍비의 가르침에 따르면 사람은 스스로 이 멍에를 져야 한다. … 하나님의 거룩한 법을 오해하고, 수정하고, 부풀린 탓에 이스라엘 교사들이 사람들의 어깨에 지운 멍에는 전적으로 부당한 율법주의가 되고 말았다. 그것은 일련의 규칙과 규정들을 엄격하게 지킴으로써 얻는 구원을 강조한 '교훈' 체계였다. 그런데 마태복음 11장 29절에서 예수님은 사람들에게 익숙한 기존의 가르침에 반하는 그분 자신의 가르침을 베푸신다. 예수님께서 "나의 멍에를 메고 내게 배우라"고 하셨을 때 … 이는 "나의 가르침, 즉 나에 대한 단순한 믿음을 통해 구원받는다는 가르침을 받아들이라"는 뜻이다. 상징적으로 말하자면, 예수님은 여기서 압제당하는 사람들에게 그분의 멍에, 즉 그분이 메라고 권하시는 멍에는 편안하고, 그분의 짐, 즉 그분이 우리에게 요구하시는 짐은 가볍다는 것을 확실히 하신다. 따라서 예수님이 진정으로 말씀하시고자 하는 것은 그분이 우리를 구원해 주신 것에 감사하는 마음으로 단순하게 그분을 믿고 그분의 명령에 복종하는 것은 즐겁다는 뜻이다. 그것은 평안과 기쁨을 가져다준다. 이렇게 사는 사람은 더 이상 노예가 아니다. 그는 자유인이다.[1]

당신은 어떤 "멍에"를 메고 있는가? 예수님께서 어떻게 하면 그 멍에를 벗을 수 있다고 말씀하시는가?

히브리서 4장 1-11절을 읽으라.

3. 사람이 하나님의 안식을 누리려면 어떻게 해야 하는가?

4. 사람들이 하나님의 안식을 누리는 데 실패하는 이유는 무엇인가?

---

1) William Hendriksen, *The Gospel of Matthew* (Grand Rapids, MI: Baker Book House, 1973), 504-5.

5. 마태복음 11장 28-29절에 언급된 쉼은 히브리서 4장 1-11절에 언급된 안식과 어떻게 연결되는가?

인생의 닻

1. 당신은 평소에 예수님이 주시는 쉼을 누리고 있는가? 그렇다면 그 이유는 무엇이고, 그렇지 못하다면 그 이유는 무엇인가? 당신이 쉼을 누리지 못하게 하는 것은 무엇인가?

2. 예수님이 주시는 쉼을 누리고 싶지만 어떻게 해야 할지 모르겠다면 다음의 세 가지부터 시작하라.
   ① 제2장. '피로 회복을 위한 하나님의 처방'을 다시 읽으라.
   ② 마태복음 11장 28-29절과 히브리서 4장 1-11절을 한 번 더 읽으라.
   ③ 종이와 연필을 꺼내 들고 이 두 자료에서 발견한 쉼을 누리는 방법을 적어 보라.

3. 한 주 동안 일기를 쓰면서, 당신이 예수님께서 주시는 쉼을 누리지 못하게 하는 일들을 적으라. 그리고 한 주의 끝에 다음의 두 가지를 하라.
   ① 각각의 일에 대해 기도하고 하나님의 안식을 누릴 수 있도록 그분의 도우심을 구하라. 또한 하나님의 안식을 누린 것에 감사하라.
   ② 그 일들을 분석하며 바쁜 일상에서 벗어나 쉼을 누릴 수 있는 방법을 찾아보라.

3.

두 개의 묘비

운전을 하며 무수히 그곳을 지나쳤다. 사무실에 가는 길에 날마다 그곳을 보았다. 그러면서 '언제 한번 들러야지.' 생각했다.

오늘 그 '언제'가 왔다. 바쁜 일정 중에 30분쯤 짬이 날 것 같아서 그곳으로 차를 몰았다.

패스트푸드점과 모텔, 레스토랑이 늘어서 있는 교차로 풍경이 샌안토니오에 있는 다른 교차로와 별반 다르지 않았다. 하지만 북서쪽으로 방향을 틀어 철제 명판 밑을 통과하면 역사를 간직한 채 진보의 물결 너머에 자리하고 있는 외딴 섬이 나타난다. 명판에는 '록힐(Locke Hill)공원묘지'라는 글씨가 적혀 있다.

주차하면서 하늘을 보니 잔뜩 찌푸린 것이 금방이라도 비가 쏟아질 것 같았다. 인적 없는 길을 따라 올라가자 200여 개의 묘비가 눈에 들어왔다. 커다란 졸참나무 가지들이 머리 위로 아치를 만들었고, 아침 이슬이 맺혀 있는 웃자란 풀들이 발목을 간질였다.

비바람에 여기저기 깎여 나가긴 했지만, 묘비들은 어제의 역사를 생생하게 증언하고 있었다.

슈미트, 파우스트만, 그룬트마이어, 에케르트 같은 이름이 새겨진 묘비에 'Ruhet in herrn'('주 안에서 잠들다.'라는 뜻의 독일어-역주)이라고 쓰여 있는 게 눈에 띄었다.

저쪽에 루스 레이시가 묻혀 있다. 그녀는 나폴레옹(Napoleon) 시절인 1807년에 태어나 지금으로부터 백 년도 훨씬 전인 1877년에 사망했다.

나는 80년 전쯤의 어느 추운 날, 한 어머니가 울고 있었을 자리에 멈춰 섰다. 묘비에는 '아기 볼트, 1910년 12월 10일에 태어나고 죽다.'라고 쓰여 있었다.

1883년, 열여덟 살 나이에 사망한 해리 퍼거슨의 묘비에는 '피곤에 지친 젊은 순례자여, 단잠을 자기를….'이라고 쓰여 있었다. 무엇이 그를 그토록 피곤하게 했을까?

그때 묘지 북단에 있는 한 비석에 새겨진 묘비명이 눈에 들어왔다. 그것은 무덤의 주인이 그레이스 르웰린 스미스임을 알려 주었다. 묘비에는 출생 연도도 없었고 사망 연도도 적혀 있지 않았다. 오직 두 명의 남편 이름과 다음과 같은 문구뿐이었다.

잠들었지만 쉬지 못하네.
사랑했지만 사랑받지 못했네.
주변 사람들을 기쁘게 해 주려 했지만 본인은 기쁘지 않았네.
살아 있을 때 그러했듯 죽어서도 혼자라네.

인생의 허무함을 나타내는 글이다.
나는 묘비를 응시하며 그레이스 르웰린 스미스가 어떤 사람이었을지 생각했다. 그녀의 삶이 궁금했다.
그녀가 이 묘비명을 썼을까? 아니면 그냥 그렇게 살았던 것뿐일까? 그토록 외롭게 살 만큼 뭔가를 잘못했던 것일까? 고통 속에 살았을까, 아니면 그냥 체념하고 살았을까? 평범한 외모의 소유자였을까? 아름다웠을까? 왜 어떤 사람의 삶은 풍성한 열매를 맺는데 어떤 사람의 삶은 이토록 허무할까?
내 입에서 불쑥 "스미스 부인, 당신은 무슨 일로 그토록 상심했나요?"라는 말이 튀어나왔다.
그녀의 묘비에 새겨진 글을 옮겨 적는 동안 빗방울이 떨어져 잉크가 번졌다.

사랑했지만 사랑받지 못했네….

긴 밤, 침대는 비어 있고 방 안은 적막하다. 메시지를 보냈지만 답이 없고, 편지에도 답장이 없다. 사랑하지만 사랑받지 못한다.

주변 사람들을 기쁘게 해 주려 했지만 본인은 기쁘지 않았네.

실망의 도끼질 소리가 들리는 듯하다.
"얼마나 더 얘기해야 알아듣겠어?" 퍽.
"당신은 왜 늘 그 모양이야?" 퍽. 퍽.
"당신은 왜 무엇 하나 제대로 하는 게 없어?" 퍽. 퍽. 퍽.

살아 있을 때 그러했듯 죽어서도 혼자라네.

세상에는 그레이스 르웰린 스미스 같은 사람이 얼마나 많은가? 얼마나 많은 사람이 외롭게 살다가 외롭게 죽어 가는가? 애틀랜타의 노숙자, LA의 알코올중독자, 마이애미의 떠돌이, 세상이 자기를 필요로 하지 않는다고 생각하는 사람, 자기에게 관심을 갖는 사람이 아무도 없다고 믿는 사람, 결혼반지는 받았지만 마음은 얻지 못한 사람, 잠자리는 얻었지만 휴식은 취하지 못하는 사람.
　이들은 허무의 희생자들이다. 누군가가 개입하지 않는 한, 무언가가 일어나지 않는 한, 그레이스 스미스의 묘비명이 그들의 묘비명이 될 것이다.
　그렇기 때문에 이제부터 당신이 읽을 이야기가 중요하다. 그것은

또 다른 묘비에 관한 이야기다. 이 묘비는 죽음이 아닌 탄생을 나타낸다.[2]

그녀는 정오의 햇빛에 눈을 가늘게 떴다. 물동이를 짊어진 어깨가 구부정했다. 다른 사람들의 시선을 피하기 위해 눈을 내리깐 채 모래먼지를 흩날리며 무거운 발걸음을 옮겼다.

그녀는 사마리아인으로서 인종차별의 고통을 안다. 여인으로서 성차별주의의 천장에 머리를 부딪혔다. 그녀에게는 다섯 명의 남편이 있었다. 다섯 번의 결혼, 다섯 개의 침대, 다섯 차례의 거절.

그녀는 문이 '쾅' 닫히는 소리를 안다. 사랑을 돌려받지 못하는 게 어떤 것인지 안다. 지금 함께 사는 남자는 그녀를 호적에 올리려고도 하지 않는다. 그는 단지 잠자리를 제공할 뿐이다.

신약성경에 그레이스 르웰린 스미스 같은 사람이 있다면 그녀가 바로 그 사람일 것이다. 보잘것없는 인생에 관한 묘비명이 그녀의 것이 되었을 수 있다. 아니, 어느 낯선 사람과의 만남이 아니었다면 실제로 그녀의 것이 되었을 것이다.

그날, 그녀는 한낮에 우물가로 나왔다. 왜 다른 여인들과 함께 이른 아침에 나오지 않았을까? 어쩌면 그랬을지 모른다. 단지 날이 더워서 물이 더 필요했던 것일 수 있다. 아니면 이른 아침에 물을 긷지 않았을 수도 있다. 어쩌면 그녀가 피하고 싶었던 것은 다른 여인들

---

2) 이어지는 이야기는 요 4:1-42를 토대로 구성되었다.

이었을지 모른다. 한낮의 뜨거운 햇볕 속을 걷는 것은 다른 여인들의 험담을 피하기 위해 치러야 할 작은 대가였다.

"저기 그 여자가 오네요."

"소문 들었어요? 새 남자를 얻었다는군요!"

"아무하고나 잔대요."

"쉿! 저기 와요."

그래서 그녀는 한낮에 물을 길러 왔다. 그녀는 우물가가 조용하리라 예상했다. 아무도 없을 것이라 생각했다. 그러나 예상과 달리 누군가가 있었다. 그녀 자신보다 그녀를 더 잘 아는 사람이었다.

그는 땅바닥에 앉아 있었다. 다리를 쭉 뻗고 손을 모은 채 우물에 기대 앉아 있었다. 눈은 감은 채였다. 그녀는 걸음을 멈추고 그를 바라보았다. 주위를 둘러보니 그 사람 말고는 아무도 없었다. 그녀는 다시 그를 바라보았다. 유대인이 분명했다. 여기서 무얼 하고 있었던 걸까? 그가 눈을 뜨자 그녀는 당황해서 시선을 돌렸다. 그러고는 급히 물을 긷기 시작했다.

그녀가 불편해하는 기색을 알아차린 그가 그녀에게 물을 청했다. 그러나 세상 물정에 밝은 그녀는 그가 원하는 게 물이 전부가 아님을 알았다. "언제부터 당신 같은 윗동네 사람이 나 같은 여자에게 물을 청했다고 이러시오?" 그녀는 그의 의중을 알고 싶었다. 그녀의 직관은 부분적으로 옳았다. 그는 물 이상의 것에 관심이 있었다. 바로 그녀의 마음이었다.

그들은 대화를 나눴다. 존중을 받으며 남자와 대화를 나눠 본 적이 언제였던가? 그는 육체의 갈증이 아니라 영혼의 갈급함을 해소해 줄 생수에 대해 이야기했다. 그것이 그녀의 관심을 끌었다.

"선생님, 그런 물을 제게 주셔서, 제가 갈증이 나지도 않고 이곳에 물을 길러 오지 않아도 되게 해 주십시오."

"가서 남편을 불러오시오."

그녀는 심장이 덜컥 내려앉았을 것이다. 여기 그녀가 사마리아인이라는 것을 개의치 않는 유대인이 있다. 여기 그녀를 여자라고 무시하지 않는 남자가 있다. 여기 그녀가 이제껏 만나 본 사람 중 가장 친절한 남자가 있다. 그런데 그가 그녀가 가장 두려워하던 바로 '그것'을 말하고 있다. 그것만큼은 들키고 싶지 않았던 바로 그것을 말이다. 그녀는 거짓말을 하고 싶었을 수 있다. "남편이요? 그이는 바쁩니다."

화제를 돌리고 싶었을 수 있다. 자리를 뜨고 싶었을 수도 있다. 하지만 그러지 않았다. 그리고 진실을 말했다.

"제겐 남편이 없는 걸요"(친절한 말은 솔직한 답변을 이끌어낸다).

당신은 이 이야기의 뒷부분을 알 것이다. 그러나 나는 당신이 몰랐으면 좋았을 거라 생각한다. 이 이야기가 처음 듣는 이야기면 좋겠다고 생각한다. 그렇다면 당신은 그다음에 예수님이 어떻게 하시는지 보기 위해 눈을 동그랗게 뜨고 기다릴 테니까 말이다. 왜냐하면 당신에게도 동일한 갈망이 있기 때문이다.

당신은 가면을 벗고 싶었다. 당신이 아닌 다른 누군가인 체하는 것을 그만두고 싶었다. 당신의 은밀한 죄가 숨겨져 있는 방의 거미줄 쳐진 문을 열면 하나님이 어떻게 하실지 궁금했다.

이 여인은 예수님이 어떻게 하실지 궁금했다. 그녀는 진실이 밝혀지면 예수님이 지금처럼 친절하게 그녀를 대하지 않으실 것이라고 생각했을 게 틀림없다. '아마 화를 내실 거야. 자리를 뜨시겠지. 내가 상종할 사람이 못 된다고 생각하실 거야.'

당신도 같은 걱정을 하고 있다면 연필을 꺼내 들라. 예수님의 대답에 밑줄을 치고 싶어질지도 모르니까.

"당신 말이 맞소. 당신에게는 다섯 명의 남편이 있었고, 지금 같이 사는 남자는 당신을 호적에 올리려고도 하지 않지요."

예수님은 비난하지 않으셨다. 화를 내지도 않으셨다. 그렇게 살면 안 된다는 식의 설교를 늘어놓지도 않으셨다. 예수님이 원하신 것은 완벽함이 아니라 솔직함이었다.

여인은 크게 놀랐다. "선생님은 선지자시군요."

번역하자면 '당신은 다른 사람들과 다르군요. 뭐 하나 여쭤 봐도 될까요?'라는 뜻이다.

여인은 그녀의 구멍 뚫린 영혼을 드러내는 질문을 했다.

"하나님은 어디에 계신가요? 우리 동네 사람들 말로는 산에 계시다고 하는데 선생님의 동네 사람들은 예루살렘에 계시다고 하니, 대체 어느 쪽 말이 맞나요?"

그때의 예수님 표정을 볼 수만 있다면 나는 저녁노을이 지는 광경을 천 번이라도 양보할 수 있을 것 같다. 예수님의 눈에 눈물이 고였을까? 미소를 지으셨을까? 하늘을 올려다보시며 구름 사이로 아버지께 눈을 찡긋하셨을까?

하고많은 장소 중에 왜 하필 사마리아였을까?

하나님을 추구하는 그 많은 사마리아인들 중에 왜 하필 여인이었을까?

하나님을 갈망하는 그 많은 여인들 중에 왜 하필 다섯 번이나 이혼한 여자였을까?

그 많은 사람들 중에 왜 하필 아무도 상종하려 들지 않는 사람이었을까?

왜 그 지역에서 가장 '보잘것없는' 사람이었을까?

놀라울 뿐이다. 예수님은 자신의 비밀을 헤롯왕에게 밝히지 않으셨다. 산헤드린 공회에서 밝히지 않으셨다. 로마 황궁의 주랑에서 밝히지 않으셨다.

그분이 자신의 정체를 밝힌 사람은 인적 없는 우물가에 물을 길러 나온 어느 보잘것없는 여인이었다. 속삭이듯 비밀을 말씀하실 때 예수님의 눈동자는 춤을 추었을 것이 틀림없다.

"내가 바로 메시아요."

이 장에서 가장 중요한 구절은 우리가 성경을 읽다가 무심코 지나치기 쉬운 구절이다. "그 여자가 물통을 버려두고 마을로 달려가서 사람들에게 '다들 와서 좀 보세요! 나의 과거를 모두 말해 준 사람이 있어요! 이분이 그리스도가 아닐까요?' 하자…"(요 4:28-29 참조).

이 순간의 드라마를 놓치지 말라. 놀라서 동그래진 여인의 눈을 보라. 그녀가 가까스로 입 밖에 낸 말을 들어보라. "다-다-다-다-당신이 메-메-메-메-메시아!" 허둥대며 일어나 이 싱긋 웃는 나사렛 사람을 마지막으로 한 번 더 쳐다보고는 정신없이 달려가다가 다부진 체격의 베드로와 정통으로 부딪히는 것을 보라. 그녀는 넘어지다시피 하며 서둘러 마을로 향했다.

그녀가 무엇을 잊고 있는지 알아차렸는가? 그녀는 물동이를 잊었다. 그녀의 어깨를 휘게 한 물동이를 두고 갔다. 그녀가 지고 온 짐을 두고 갔다.

그 순간, 여러 남자를 전전하며 살아 온 삶의 수치가 사라졌다. 그 순간의 중요성이 그녀 인생의 보잘것없음을 삼켰다. "하나님이 여기 계신다! 하나님이 오셨다! 하나님이 내게 마음을 쓰신다!"

이것이 그녀가 물동이를 잊은 이유다. 동네로 달려간 이유다. 가장 먼저 만난 사람을 붙잡고 자기가 알게 된 사실을 말한 이유다. "방금 내가 한 일을 모두 아는 사람을 만났어요. … 내 과거가 어떻든 그분은 나를 사랑하신답니다!"

제자들이 예수님께 음식을 드렸지만, 예수님은 거절하셨다. 너무 흥분해 계셨기에! 예수님은 방금 그분이 가장 잘하는 일을 하셨다. 표류하는 인생에 방향을 부여하셨다. 그래서 기쁨이 넘치셨다!

그분은 마을로 달려가는 여인을 가리키며 제자들에게 말씀하셨다. "눈을 뜨고 들판을 바라보아라. 곡식이 다 익어 추수할 때가 되었다"(요 4:35 참조).

이런 때 누가 음식을 먹을 수 있겠는가!

두 여인의 이야기가 감동적이긴 하지만 다소 멀게 느껴진다고 생각할지 모르겠다. 그렇다면 당신은 어딘가에, 혹은 누군가에 속한 사람이다. 누군가 당신을 필요로 하는 사람이 있고, 당신도 그것을 안다. 당신에게는 많은 친구들이 있고 해야 할 일도 많다. 당신의 묘비에는 '보잘것없음'이 새겨지지 않을 것이다. 그 점에 감사하라.

아니면 다르게 느낄 수도 있을 것이다. 당신은 그레이스 스미스의 묘비 앞에 멈춰 섰다. 그것이 바로 당신의 묘비이기 때문이다. 당신은 거울 속에서 그레이스 스미스의 얼굴을 본다. 당신은 사마리아 여인이 왜 사람들을 피하는지 안다. 당신도 사람들을 피하기 때문이다.

당신은 카페에서 아무도 당신 옆에 앉으려 하지 않는 것이 어떤 느낌인지 안다. 당신은 진실한 친구가 있다는 게 어떤 것인지 늘 궁금했다. 과거에 누군가를 사랑한 적이 있지만 그때 겪은 괴로움을 생각하면 또다시 사랑에 빠질 수 있을지 의문이다. 그리고 당신 역시 '과연 하나님이 계시기는 한 걸까?' 생각한 적이 있다.

나에겐 도심의 한 교회에서 저소득층 어린이들을 가르치는 '조이'

라는 친구가 있다. 그녀가 맡은 아이들은 삶을 사랑하고 하나님을 두려워하지 않는 아홉 살들이다. 단, '바버라'라는 이름의 소심한 여자아이 한 명은 예외였다.

그 아이는 불우한 가정사 때문에 심리적으로 불안정하고 두려움이 많았다. 조이가 아이들을 가르치는 몇 주 동안 바버라는 단 한 마디도 하지 않았다. 다른 아이들이 말을 할 때 그저 가만히 앉아 있었다. 다른 아이들이 노래할 때도 입을 다물고 있었다. 다른 아이들이 낄낄거릴 때도 조용했다.

바버라는 늘 수업에 참석했고, 언제나 귀를 기울였다. 그리고 한결같이 말이 없었다. 조이가 천국에 관한 수업을 할 때까지 말이다.

그 수업 시간에 조이는 하나님을 보는 것에 대해 이야기했다. 그리고 더 이상 눈물을 흘리지 않는 눈과 죽음 없는 삶에 대해서도 이야기했다.

바버라는 그 이야기에 매료되었다. 그래서 조이를 뚫어지게 바라보며 갈급한 마음으로 귀를 기울였다. 그러고는 손을 들었다. "조이 선생님!"

조이는 깜짝 놀랐다. 바버라가 한 번도 질문을 한 적이 없기 때문이다.

"그래, 바버라, 말해 보렴."

"천국은 저 같은 아이들을 위한 곳인가요?"

이번에도 나는 이 작은 기도가 주님의 보좌에 닿을 때의 예수님의 표정을 볼 수만 있다면 저녁노을이 지는 광경을 천 번이라도 양보하겠다. 진정 그것은 기도였기 때문이다.

하늘에 계신 선하신 하나님께서 지상에 있는 어느 잊혀진 영혼을 기억하시기를 간구하는 진지한 기도.

교회에서 미처 돌보지 못한 가엾은 영혼에게 하나님의 은혜가 임하시기를 구하는 기도.

아무도 거들떠보지 않는 한 생명을 그 누구도 할 수 없는 방법으로 사용하시기를 희구하는 기도.

설교단에서 드리는 기도가 아니라 요양원 침대에서 드리는 기도.

검은 성직 가운을 입은 사제의 확신에 찬 기도가 아니라 알코올중독에서 회복되어 가는 사람이 속삭이듯 작은 목소리로 드리는 기도.

하나님께서 가장 잘하시는 것, 즉 평범한 것을 취하여 그것으로 놀라운 일을 행하시기를 구하는 기도.

다시 한 번 지팡이를 들어 바다를 가르시기를 구하는 기도.

돌팔매로 골리앗을 쓰러뜨리게 해 달라는 기도.

물로 포도주를 만들어 달라는 기도.

어느 시골 소년의 도시락으로 많은 사람이 배불리 먹게 해 달라는 기도.

진흙으로 시각장애인의 눈을 뜨게 해 달라는 기도.

세 개의 못과 하나의 나무 기둥으로 인류의 희망을 만들어 달라는 기도.

거부당한 여인을 선교사로 만들어 달라는 기도.

이 장에는 두 개의 무덤이 나온다. 하나는 록힐공원묘지에 있는 그레이스 르웰린 스미스의 외로운 무덤이다. 그녀는 사랑을 알지 못했다. 충족을 알지 못했다. 그녀의 삶에 다음과 같은 묘비명이 새겨질 때, 끌로 파내는 듯한 아픔만 있었다.

잠들었지만 쉬지 못하네.
사랑했지만 사랑받지 못했네.
주변 사람들을 기쁘게 해 주려 했지만 본인은 기쁘지 않았네.
살아 있을 때 그러했듯 죽어서도 혼자라네.

그러나 이것이 이 이야기에 나오는 유일한 무덤은 아니다. 또 다른 무덤이 우물가에 있다. 묘비는 바로 '잊혀진 물동이'다. 묘비명은 없지만 이 무덤은 매우 중요하다. '보잘것없음'이 묻힌 곳이기 때문이다.

STUDY GUIDE

마음의 닻

잠들었지만 쉬지 못하네. 사랑했지만 사랑받지 못했네. 주변 사람들을 기쁘게 해 주려 했지만 본인은 기쁘지 않았네. 살아 있을 때 그러했듯 죽어서도 혼자라네.

1. 이 문구 중 당신에게 가장 가슴 서늘하게 느껴지는 구절은 어디인가? 그 이유는 무엇인가?

2. 당신의 현재의 삶을 나타내 주는 묘비명을 쓴다면 어떤 내용일 것 같은가?

세상에는 그레이스 르웰린 스미스 같은 사람이 얼마나 많은가? 얼마나 많은 사람이 외롭게 살다가 외롭게 죽어 가는가? 애틀랜타의 노숙자, LA의 알코올중독자, 마이애미의 떠돌이, 세상이 자기를 필요로 하지 않는다고 생각하는 사람, 자기에게 관심을 갖는 사람이 아무도 없다고 믿는 사람, 결혼반지는 받았지만 마음은 얻지 못한 사람, 잠자리는 얻었지만 휴식은 취하지 못하는 사람.

1. 당신은 외로움 속에 살아가는 사람들을 어떻게 알아보는가? 겉으로 드러나는 그들의 특징은 무엇인가?

2. 당신이 아는 외로운 사람들은 누구인가?

3. 이 글에 묘사된 사람들과 당신의 삶이 비슷했던 적이 있는가? 어떤 사람과 비슷했는가?

여인은 그녀의 구멍 뚫린 영혼을 드러내는 질문을 했다. "하나님은 어디에 계신 가요? 우리 동네 사람들 말로는 산에 계시다고 하는데 선생님의 동네 사람들은 예루살렘에 계시다고 하니, 대체 어느 쪽 말이 맞나요?"

1. 당신은 이런 질문을 하는 사람을 만난 적이 있는가? 그에게 뭐라고 말해 주었는가?

2. 스스로에게 이런 질문을 한 적이 있는가? 왜 그런 질문을 하게 되었는가?

바버라는 불우한 가정사 때문에 심리적으로 불안정하고 두려움이 많았다. 조이가 아이들을 가르치는 몇 주 동안 바버라는 단 한 마디도 하지 않았다. 다른 아이들이 말을 할 때 그저 가만히 앉아 있었다. 다른 아이들이 노래할 때도 입을 다물고 있었다. 다른 아이들이 낄낄거릴 때도 조용했다. 바버라는 늘 수업에 참석했고, 언제나 귀를 기울였다. 그리고 한결같이 말이 없었다. 조이가 천국에 관한 수업을 할 때까지 말이다. 그 수업 시간에 조이는 하나님을 보는 것에 대해 이야기했다. 그리고 눈물을 흘리지 않는 눈과 죽음 없는 삶에 대해서도 이야기했다. 바버라는 그 이야기에 매료되었다. 그래서 조이를 뚫어지게 바라보며 갈급한 마음으로 귀를 기울였다. 그러고는 손을 들었다. "조이 선생님!"
조이는 깜짝 놀랐다. 바버라가 한 번도 질문을 한 적이 없었기 때문이다.
"그래, 바버라, 말해 보렴."
"천국은 저 같은 아이들을 위한 곳인가요?"

1. 이 글을 읽고 어떤 느낌을 받았는지 이야기해 보라. 바버라의 질문이 가슴 아픈 이유는 무엇인가?

2. 바버라가 왜 그런 질문을 했다고 생각하는가?

3. 당신이 조이라면 바버라에게 어떻게 대답하겠는가?

영혼의 닻

요한복음 4장 4-42절을 읽으라.

1. 예수님 당시의 유대인들은 사마리아를 통과하는 게 싫어서 먼 거리를 돌아가곤 했다. 그러나 요한복음 4장 4절은 예수님께서 사마리아를 통과하셔야 했다고 말한다. 예수님이 왜 그렇게 하셨다고 생각하는가?

2. 예수님은 자신의 필요를 어떻게 전도의 수단으로 사용하셨는가?(6-15절) 여기서 무엇을 배울 수 있는가?

3. 10절에서 예수님이 말씀하신 "생수"는 무엇인가? 생수는 어떤 작용을 하는가?

4. 하나님은 어떤 사람들이 그분을 예배하기 바라시는가?(23-24절) 이 사마리아 여인은 그분을 예배할 자격이 되는가? 당신은 어떠한가?

5. 예수님은 자신의 필요를 어떻게 가르침의 수단으로 사용하셨는가?(31-38절) 여기서 무엇을 배울 수 있는가?

6. 여인이 예수님에 대해 한 말이 마을 사람들에게 어떤 영향을 미쳤는

가?(39-42절) 여인의 상황을 고려할 때(17-18절) 이것이 놀라운 이유는 무엇인가?

7. 당신이 이 이야기에서 얻은 가장 중요한 교훈 한 가지를 말해 보라.

인생의 닻

1. 친한 친구나 배우자와 함께 앉아서 당신의 삶에 목적과 의미를 부여해 주는 것이 무엇인지 적으라. 그리고 훗날 허무의 물결에 압도당할 때 이 목록을 꺼내 읽으라.

2. 당신은 그레이스 르웰린 스미스 같은 사람들을 아는가? 그들이 스스로를 보다 소중히 여기도록 당신이 어떻게 도울 수 있는가? 오늘 그것을 실천해 보는 것은 어떤가?

4.

살아 있는 증거

"제나야, 어서 일어나! 학교에 가야 할 시간이야."

딸아이는 앞으로 이 말을 천 번도 더 듣게 될 것이다. 하지만 오늘 아침에 처음으로 들었다.

이 말을 하기 전에 나는 잠시 딸아이의 침대에 걸터앉았다. 사실 나는 이 말을 하고 싶지 않았다. 딸아이를 깨우고 싶지 않았다. 아직 어둑어둑한 새벽녘이었고, 나는 알 수 없는 망설임에 휩싸였다. 침묵 속에 가만히 앉아서 나는 내 말이 딸아이를 깨워 새로운 세계로 데려갈 것이라는 사실을 깨달았다.

쏜살같이 흘러간 4년 동안 제나는 우리 아이였고, 오직 우리만의 아이였다. 그런데 이제 모든 게 달라질 것이다.

지난밤에 우리는 '우리 딸', 즉 엄마 아빠만의 딸로서는 마지막으로 제나를 침대에 뉘었다. 엄마와 아빠는 제나에게 책을 읽어 주었고, 가르쳤고, 이야기를 들어 주었다. 그러나 오늘부터는 다른 누군가도 그렇게 할 것이다.

지금까지는 눈물을 닦아 주고 반창고를 붙여 주는 사람이 엄마와 아빠였다. 그러나 오늘부터는 다른 누군가도 그렇게 할 것이다.

나는 제나를 깨우고 싶지 않았다.

지금까지 제나에게는 우리(엄마 아빠와 여동생 안드레아)가 전부였다. 하지만 오늘부터는 선생님과 새로운 친구들이 그 아이의 삶에 들어올 것이다. 제나의 세계는 이 집(제나의 방과 장난감, 그네)이 전부였다. 하지만 오늘부터 그 아이의 세계가 확장될 것이다. 그림 그리기와 읽기, 수학 등을 배우는 배움의 전당에 들어설 것이다.

나는 제나를 깨우고 싶지 않았다.

학교 때문이 아니었다. 학교는 좋은 곳이었다. 제나가 교육받는 게 싫어서가 아니었다. 제나가 성장하고, 책을 읽고, 성숙해지기를 내가 얼마나 바라는지는 하늘이 안다. 제나가 학교에 가는 것을 싫어해서도 아니었다. 제나는 지난주 내내 학교 이야기만 했다.

내가 제나를 깨우고 싶지 않았던 것은 제나를 놓아 보내고 싶지 않았기 때문이다. 하지만 결국 깨우지 않을 수 없었다. "제나야, 어서 일어나! 학교에 가야 할 시간이야."

옷을 입는 데 한참이 걸렸다. 울적해하며 '선라이즈 선셋'(Sunrise,

Sunset)을 흥얼거리는 나를 보고 아내가 "당신은 제나를 결혼도 안 시키고 평생 끼고 살려 할 거예요."라고 했다. 맞는 말이다.

제나를 데려다 준 뒤 내가 바로 출근할 수 있도록 우리는 차 두 대로 학교에 갔다. 나는 제나를 내 차에 태웠다. 아버지로서 딸아이를 안심시키고 자신감을 불어넣어 주고 싶었기 때문이다. 하지만 안심해야 할 사람은 오히려 나였다.

오랜 세월 글을 써 왔지만 제나에게 해 줄 말이 별로 없었다. 나는 즐겁게 지내라고 말했다. 선생님 말씀 잘 들으라고 했다. "외롭거나 두려울 때에는 선생님께 말씀드려서 아빠한테 전화해. 그러면 데리러 올게."라고 말했다. 그러자 제나가 미소를 지으며 "알겠어요."라고 대답했다. 그러고는 동요 테이프를 들어도 되는지 물었다. 나는 "그럼!" 하고 대답했다.

제나가 노래를 따라 부르는 동안 나는 울컥하는 것을 참았다. 노래하는 아이를 보고 있자니 갑자기 아이가 커 보였다. 대시보드를 보려고 길게 늘인 목, 반짝이는 눈동자. 두 손은 무릎 위에 모아져 있고, 청록색과 핑크색 무늬가 들어간 새 테니스화를 신은 발이 좌석 바깥으로 나올락 말락 했다.

'데날린의 말이 맞아.' 나는 속으로 중얼거렸다. '나는 제나가 결혼하는 것을 견딜 수 없을 거야.'

나는 제나가 무슨 생각을 할지 궁금했다. '오늘 아침에 오르기 시작한 이 교육의 사다리가 얼마나 높은지 알기나 할까?'

아니, 제나는 알지 못했다. 하지만 나는 알고 있었다.
저 눈으로 얼마나 많은 칠판을 봐야 할까?
저 손으로 얼마나 많은 책을 들어야 할까?
저 발로 얼마나 많은 선생님을 따라다니고 또 흉내 내야 할까?
그 순간 나는 할 수만 있다면 앞으로 18년간 제나가 만나게 될 그 모든 선생님과 강사와 코치들을 모아 놓고 이렇게 말하고 싶었다. "이 아이는 여느 아이가 아닙니다. 바로 제 딸이에요. 부디 조심해서 대해 주세요!"

주차를 하고 시동을 끄자 커 보이던 딸아이가 다시 작아졌다. 그 순간 아주 어린 소녀의 목소리가 침묵을 깼다. "아빠, 내리고 싶지 않아요."

나는 제나를 보았다. 반짝이던 눈에 두려움이 가득했다. 노래하던 입술도 떨리고 있었다.

나는 딸아이의 청을 들어주고 싶은 너무도 강렬한 충동과 싸웠다. 내 안의 모든 것이 "좋아, 다 잊고 이곳을 빠져나가자."라고 말하고 싶어 했다. 짧지만 영원처럼 느껴지는 한 순간, 내 딸을 납치하여 아내의 손을 잡아끌고 이 진보의 무시무시한 손아귀를 벗어나 평생 히말라야에서 살면 어떨까 하는 생각이 들었다.

하지만 그래서는 안 된다는 것을 알고 있었다. 이제 교실로 들어가야 할 시간이라는 것을 알고 있었다. 그래야 한다는 것을 알고 있었다. 그리고 제나가 괜찮으리라는 것도 알고 있었다. 그렇지만 "괜찮을 거야. 어서 내리자. 아빠가 데려다줄게."라고 말하는 게 그토록 힘들 줄은 정말 몰랐다.

과연 제나는 괜찮았다. 교실에 한 발 들여놓자마자 호기심이 그 아이를 사로잡았다. 그것을 본 나는 뒤돌아 나왔다. 그렇게 제나를 놓아 보냈다. 물론 먼 훗날 놓아 보내야 할 만큼 많이는 아니었다. 하지만 오늘 할 수 있는 만큼은 놓아 보냈다.

주차된 차를 향해 걸어오는 동안 성경의 한 구절이 떠올랐다. 전에 공부한 적 있는 구절이었다. 오늘 일은 그 구절을 흑백의 신학에서 총천연색의 현실로 바꿔놓았다.

"그런즉 이 일에 대하여 우리가 무슨 말 하리요. 만일 하나님이 우리를 위하시면 누가 우리를 대적하리요. **자기 아들을 아끼지 아니하시고 우리 모든 사람을 위하여 내주신** 이가 어찌 그 아들과 함께 모든 것을 우리에게 주시지 아니하겠느냐"(롬 8:31-32, 저자 강조).

이런 기분이셨나요, 하나님? 오늘 아침의 제 기분이 아들을 내주실 때의 하나님의 기분과 비슷한 거였나요?

그렇다면 그것은 너무나 많은 것을 설명해 줍니다. 그것은 천사들이 베들레헴 외곽의 목자들에게 한 말을 설명해 줍니다(아들을 자랑스러워하는 아버지가 그 아들의 탄생을 선언하는 중이었습니다).

그것은 예수님께서 세례를 받으실 때 하늘로부터 들린 "이는 내 사랑하는 아들…"이라는 소리를 설명해 줍니다(하나님께서는 제가 하고 싶었지만 하지 못한 것을 하셨습니다).

그것은 높은 산에서 모세와 엘리야의 모습이 변화된 것을 설명해 줍니다(하나님께서는 모세와 엘리야를 보내 예수님을 위로하셨습니다).

그것은 "아버지여 이 잔을 내게서 옮기시옵소서."라고 울부짖는 예수님의 목소리에 하나님께서 얼마나 마음이 아프셨을지를 설명해 줍니다.

저는 언제든 제나의 눈물을 닦아 줄 준비가 되어 있는 다정한 선생님이 있는 안전한 환경에 딸아이를 놓아 보냈습니다. 그러나 하나님께서는 잔인한 병사가 채찍을 휘두르는, 적의 가득한 원형경기장에 예수님을 놓아 보내셨습니다.

저는 제나가 친구를 사귀고, 웃고, 그림을 그릴 것을 알며 제나에게 작별 인사를 했습니다. 하나님께서는 예수님이 모욕을 당하고, 비웃음당하고, 죽임당하리라는 것을 아신 채 예수님에게 작별 인사를 하셨습니다.

저는 제나가 저를 필요로 할 때 제가 언제든 그 아이 곁에 가 있게 될 것을 잘 아는 상태에서 제나를 놓아 보냈습니다. 하나님께서는 예수님이 하나님을 가장 필요로 할 때, 그분의 절망 가득 찬 외침이 하늘에 울려 퍼질 때 침묵 속에 앉아 계실 것을 잘 아시는 상태에서 아들에게 작별 인사를 하셨습니다.

하늘에는 천사들이 도열해 있지만, 그들은 하나님께 아무 명령을 듣지 못할 것이 분명했습니다. 하나님의 아들은 고통 중에 있으면서도 하나님의 위로의 손길을 느끼지 못할 터였습니다. "자기 아들을 아끼지 아니하시고 우리 모든 사람을 위하여 내주신 이가 어찌 그 아들과 함께 모든 것을 우리에게 주시지 아니하겠느냐."

그날 저녁에도 나는 침묵 속에 앉아 있었다.

이번에는 딸아이 곁이 아니라 하늘 아버지 곁이었다.

이번에는 내가 놓아 보내야 하는 것 때문에 슬퍼하는 대신 이미 받은 것, 즉 하나님께서 우리를 사랑하신다는 살아 있는 증거에 감사했다.

STUDY GUIDE

마음의 닻

교실에 한 발 들여놓자마자 호기심이 그 아이를 사로잡았다. 그것을 본 나는 뒤돌아 나왔다. 그렇게 제나를 놓아 보냈다. 물론 먼 훗날 놓아 보내야 할 만큼 많이는 아니었다. 하지만 오늘 할 수 있는 만큼은 놓아 보냈다.

1. 먼 훗날 저자는 또 어떤 일로 제나를(혹은 당신의 아들이나 딸을) 놓아 보내게 될까?

2. 이 '놓아 보내기'를 단번에 하지 않아도 된다는 것을 알면 도움이 되는가? 그 이유는 무엇인가?

저는 제나가 저를 필요로 할 때 제가 언제든 그 아이 곁에 가 있게 될 것을 잘 아는 상태에서 제나를 놓아 보냈습니다. 하나님께서는 예수님이 하나님을 가장 필요로 할 때, 그분의 절망 가득 찬 외침이 하늘에 울려 퍼질 때 침묵 속에 앉아 계실 것을 잘 아시는 상태에서 아들에게 작별 인사를 하셨습니다. 하늘에는 천사들이 도열해 있지만, 그들은 하나님께 아무 명령을 듣지 못할 것이 분명했습니다. 하나님의 아들은 고통 중에 있으면서도 하나님의 위로의 손길을 느끼지 못할 터였습니다.

1. 왜 하나님은 자기 아들을 그토록 전적으로 내어 주셨는가?

2. 그리스도께서 십자가에서 고통받으실 때 하늘의 보좌와 그 주변의 분위기가 어떠했을지 상상해 보라.
하나님을 둘러싼 천사들의 기분은 어떠했을까? 엄숙했을까? 슬펐을까?

4. 살아 있는 증거 ✦ 69

행복했을까? 화가 났을까? 혼란스러웠을까?

그날 저녁에도 나는 침묵 속에 앉아 있었다. 이번에는 딸아이 곁이 아니라 하늘 아버지 곁이었다. 이번에는 내가 놓아 보내야 하는 것 때문에 슬퍼하는 대신 이미 받은 것, 즉 하나님께서 우리를 사랑하신다는 살아 있는 증거에 감사했다.

1. 여기서 말하는 "살아 있는 증거"는 무엇인가?

2. 당신은 이 "살아 있는 증거"에 어떻게 반응하는가?

영혼의 닻

로마서 8장 32-39절을 읽으라.

1. 하나님은 어떤 목적으로 자기 아들을 내어 주셨는가?(32절)

2. 32절을 토대로 다음 문장을 완성하라.
"하나님께서 우리를 위하여 기꺼이 독생자를 내어 주셨으므로, 우리는 하나님께서 _____ 다고 생각해서는 안 된다."

3. 그리스도께서 지금도 우리를 위해서 "간구"하신다는 말이 무슨 뜻인가?(34절) 이 구절을 읽고 어떤 기분이 드는가?

4. 신자들이 하나님 안에서 안전하다는 것을 알게 하기 위한 성경 본문 중 바울이 "우리가 종일 주를 위하여 죽임을 당하게 되며 도살당할 양같이 여김을 받았나이다"라고 한 구절을 인용한 이유는 무엇인가?

5. 바울에 따르면 무엇이 우리를 그리스도의 사랑에서 끊을 수 있는가?(35-39절)

인생의 닻

1. 당신의 삶에 닥친 허리케인에 대해 생각해 보라. 하나님께서 당신을 사랑하신다는 "살아 있는 증거"는 무엇인가? 구체적인 예를 들어 보라.

2. 당신은 다른 사람들에게 당신의 사랑을 보여 준 적이 있는가? 당신의 삶에서 중요한 사람들은 누구인가? 당신이 그들을 사랑한다는 "살아 있는 증거"가 될 만한 것을 떠올려 보고 그것을 실행에 옮기라.

3. 만약 하나님의 사랑을 느낄 수 없다면 하나님께 당신의 마음을 열어 그분이 당신의 삶 속에서 행하신 일을 보게 해 달라고 청하라. 그런 다음 영적으로 성숙한 그리스도인 친구를 찾아가서 그가 당신이라면 어떻게 할지 물어보라.

5.

타는 횃불과 살아 있는 약속

의심은 참견하기 좋아하는 이웃이다. 환영받지 못하는 방문객이다. 불쾌한 손님이다. 당신이 주말에 휴식을 취하려고 하는 바로 그때, 작업복을 벗어 던지고 편안한 반바지로 갈아입은 바로 그때, 앞마당에 접이의자를 펼쳐 놓고 잡지와 아이스티를 들고 와서 앉으려고 하는 바로 그때 의심의 목소리가 당신의 머릿속을 비집고 들어온다.

"이봐, 잠깐 시간 좀 낼 수 있어? 몇 가지 물어 볼 게 있어서 그래. 불쾌하게 하려는 건 아니지만, 너는 어떻게 크신 하나님이 네게 관심을 가지실 거라고 생각할 수 있어? 하나님이 너를 천국으로 부르실 거라고 생각하다니, 너무 주제넘은 생각 같지 않아? 네가 위에 계신 분과 꽤 잘 지낸다고 생각하나 본데, 설마 애틀랜타로 출장 갔을 때의 일을 잊은 건 아니겠지? 그 일에 대해 하나님이 그냥 넘어가실 거라고 생각해? 하나님이 네게 마음을 쓰신다는 걸 대체 어떻게 아는 거야?"

이런 이웃이 있는가?

아마도 그는 당신을 괴롭힐 것이다. 성가시게 할 것이다. 당신의 판단을 비난할 것이다. 당신이 앉아 있는 의자를 걷어찬 뒤 당신을 부축해 일으키려 하지 않을 것이다. 당신에게 보이지 않는 것들을 믿지 말라고 하면서, 보이는 것들의 불완전함에 대해서는 아무 말도 하지 못할 것이다.

그는 말만 뻔지르르한 두 얼굴의 거짓말쟁이다. 그의 목표는 당신에게 확신을 주는 게 아니라 당신을 혼란스럽게 하는 것이다. 그는 의문을 제기할 뿐, 해결책은 제시하지 않는다.

그에게 속지 말라. 그는 신출내기가 아니다. 그가 처음으로 의심의 씨앗을 뿌린 상대는 에덴동산의 하와다.

하와는 시원한 나무 그늘에 앉아 있다가 누군가의 시선을 의식했다. 그의 반짝이는 두 눈이 수풀 속에서 그녀를 응시하고 있었던 것이다.

잠시 일상적인 대화를 나눈 뒤 그는 하와와 태양 사이에 앉아서 최초의 의심의 그림자를 드리웠다.

"하나님이 참으로 너희에게 동산 모든 나무의 열매를 먹지 말라 하시더냐?"(창 3:1)

그는 화를 내지 않았다. 피켓을 들고 시위하지 않았다. "신은 죽었다"고 열변을 토하지도 않았다. 그냥 질문을 던졌을 뿐이다.

최근에 이 불청객의 방문을 받은 적이 있는가?

만약 구원받았기 때문에 교회에 가는 게 아니라 구원받으려고 교회에 가는 당신을 발견한다면 당신은 그의 말에 귀를 기울이고 있는 것이다.

당신이 **또다시** 그 일에 대해 하나님께 용서받을 수 있을지 의심한다면 그의 거짓말에 속아 넘어간 것이다.

당신이 그리스도께 신실한 것 이상으로 그리스도인들에 대해 냉소적이라면 당신의 저녁식탁에 누가 와서 앉아 있을지 짐작이 가고도 남는다.

나는 당신에게 문을 걸어 잠글 것을 제안한다. 대문에 '출입 금지'라고 써 붙일 것을 제안한다. 그리고 의심을 일삼는 변덕스러운 인간과 신실하신 하나님의 만남을 지켜볼 것을 제안한다.

아브라함, 아니 아브람은 하나님의 약속이 닭 뼈만큼이나 삼키기 어렵다는 것을 발견했다. 그것은 아브람의 자손이 하늘의 별같이 번성하리라는 약속이었다.

문제는 아브람에게 아들이 없다는 것이다. 그렇지만 하나님은 아무 문제가 없다고 말씀하셨다.

아브람은 잠옷 가운을 걸치고 슬리퍼를 신은 채 보행보조기에 의

지하여 걷는 그의 아내 사라를 건너다보았다. 잠시 닭 뼈가 목에 걸렸지만 이윽고 목구멍 속으로 미끄러져 내려갔다.

아브람이 사라를 촛불이 켜진 저녁식탁에 초대하려고 고개를 돌리는 순간, 두 번째 약속을 들었다.

"아브람아!"

"네, 주님."

"이 모든 땅이 네 자손의 소유가 될 것이다."

하나님께서 당신에게 언젠가 피프스 애비뉴(Fifth Avenue, 뉴욕의 명품 백화점)가 당신 자손의 소유가 될 것이라 말씀하셨다고 상상해 보라. 그러면 아브람이 주저하는 게 이해가 될 것이다.

"그 부분은… 아버지, 약간의 도움이 필요합니다."

그에게 그 약간의 도움이 주어졌다.

그것은 묘한 장면이다.

황혼 무렵이다. 하늘은 다이아몬드가 촘촘히 박힌 연푸른색 천장 같다. 대기는 서늘하고 초장의 양떼는 조용하다. 나무들의 거무스름한 실루엣이 보인다.

나무 밑에서 졸고 있던 아브람이 자다 깨다를 반복한다. 마치 하나님께서 아브람의 마음속에 의심이 흐르도록 허락하신 듯하다. 꿈속에서 아브람은 말도 안 되는 이 모든 상황에 직면한다. 의심의 소리가 꽤 그럴싸하게 들린다.

'하나님께서 나와 함께하신다는 것을 어떻게 알지?'

'이 모든 게 짓궂은 장난이라면?'

'말한 분이 진짜 하나님인지 어떻게 안담?'

아브람에게 의심의 짙은 어둠이 임한다.

장례식이 진행되는 예배당 의자에 앉아서 당신이 목숨보다 사랑하는 사람을 위한 조사를 들을 때 당신을 삼키는 것과 같은 어둠.

"악성 종양입니다. 수술해야 해요."라는 말을 들을 때 느끼는 것과 같은 어둠.

당신이 또다시 분노를 터뜨렸음을 깨달았을 때 당신을 휘감는 것과 같은 어둠.

마지막까지 피하고 싶었지만 결국 이혼이 기정사실화되었음을 깨달았을 때 느끼는 것과 같은 어둠.

"나의 하나님, 나의 하나님, 어찌하여 나를 버리셨나이까!"라는 예수님의 부르짖음 속에 스며 있는 것과 같은 어둠.

우리가 의심 가운데 있을 때 하나님은 아주 멀게 느껴진다.

하나님이 우리에게 그토록 가까이 다가오기로 하신 이유가 바로 이것이다.

하나님은 아브람에게 암소와 암염소와 숫양을 반으로 쪼갠 뒤 그 쪼갠 것을 마주 대하여 놓으라고 말씀하셨다. 우리로서는 이해할 수 없는 명령이다.

그러나 아브람에게는 그렇지 않았다. 그는 그런 의식을 본 적이 있었다. 그런 의식에 참여한 적이 있었다. 둘로 쪼개진 동물의 사체 사이를 걸으며 "내가 약속을 어기면 이 동물에게 일어난 것과 같은 일이 내게도 일어나게 하소서."라고 말함으로써 언약에 인을 친 적이 있었다(렘 34:18 참조).

그렇기 때문에 어둠 속에서 동물의 사체 사이를 지나는 빛을 보았을 때 아브람은 심장이 멎을 듯했을 것이 틀림없다.

부드러운 황금빛을 내뿜는 화로와 타는 횃불. 이것이 과연 무엇을 의미했을까?

보이지 않는 하나님께서 영원히 변치 않을 약속을 하시기 위해 가까이 다가오셨다. "내가 이 땅을 … 네 자손에게 주노니"(창 15:18).

하나님의 백성들은 종종 하나님을 잊었지만, 하나님은 그들을 잊지 않으셨다. 그분은 약속을 지키셨다. 그 땅은 마침내 그들의 것이 되었다.

하나님은 포기하지 않으셨다. 그분은 결코 포기하지 않으신다.

요셉이 형제들에 의해 구덩이로 던져졌을 때 하나님은 포기하지 않으셨다.

모세가 "보낼 만한 자를 보내소서."라고 말했을 때 하나님은 포기하지 않으셨다.

애굽의 압제에서 벗어난 이스라엘 백성이 젖과 꿀 대신 애굽에서의 종살이를 원했을 때 하나님은 포기하지 않으셨다.

모세가 하나님과 함께 있는 동안 아론이 우상을 만들었을 때 하나님은 포기하지 않으셨다.

정탐꾼 열두 명 중 단 두 명만 창조주가 그들을 구원하실 만큼 강하시다고 생각했을 때 하나님은 포기하지 않으셨다.

삼손이 들릴라에게 비밀을 털어놓을 때, 사울이 다윗을 뒤쫓을 때, 다윗이 우리아를 사지로 몰아넣으려 할 때 하나님은 포기하지 않으셨다.

하나님의 백성이 하나님의 말씀을 잊고 우상을 섬길 때 하나님은 포기하지 않으셨다.

이스라엘 자손이 포로로 끌려갔을 때 하나님은 그들을 포기하지 않으셨다.

하나님은 포기하실 수 있었다. 이스라엘 백성에게서 등을 돌리실 수 있었다. 그들을 떠나실 수도 있었다.

하지만 그렇게 하지 않으셨다.

성육신하신 후 두 돌이 되기 전에 살해당할 뻔하셨을 때 하나님은 포기하지 않으셨다.

고향 사람들이 낭떠러지에서 밀쳐 떨어뜨리려 했을 때 하나님은 포기하지 않으셨다.

형제들이 조롱할 때 하나님은 포기하지 않으셨다.

하나님을 두려워하지 않는 자들로부터 신성모독이라는 비난을 받으실 때 하나님은 포기하지 않으셨다.

베드로가 저녁식사 시간에는 주님을 경배하고 불 앞에서는 주님을 모른다고 했을 때 하나님은 포기하지 않으셨다.

사람들이 예수님의 얼굴에 침을 뱉었을 때 그분은 그들에게 침을 뱉지 않으셨다.

구경꾼들이 예수님을 쳤을 때 그분은 그들을 치지 않으셨다.

채찍이 예수님의 옆구리에 파고들 때 그분은 대기하고 있던 천사들에게 그 채찍을 휘두른 병사를 벌하라고 명령하지 않으셨다.

인간의 손이 예수님의 손을 십자가에 못 박을 때 흔들리지 않도록 그분의 손을 붙잡고 있던 것은 병사의 손이 아니었다. 예수님의 손을 붙잡고 있던 것은 하나님의 손이었다. 그 상처 입은 손은 아브람 앞에서 화로와 햇불을 옮긴 바로 그 보이지 않는 손이었다. 아브람의 짙은 어둠에 빛을 가져다준 바로 그 손이었다. 그 손이 또다시 같은 일을 하러 온 것이다.

그러므로 다음번에 '의심'이라는 불쾌한 이웃이 나타나거든 그를 바깥으로 인도하라. 골고다 언덕으로 인도하라. 갈보리산으로 인도하라.

햇불을 옮긴 손이 거룩한 피로 '하나님은 당신을 포기하기 전에 독생자를 포기하실 것'이라는 약속을 쓴 장소인 십자가로 인도하라.

STUDY GUIDE

마음의 닻

최근에 이 불청객의 방문을 받은 적이 있는가?

만약 구원받았기 때문에 교회에 가는 게 아니라 구원받으려고 교회에 가는 당신을 발견한다면 당신은 그의 말에 귀를 기울이고 있는 것이다.

당신이 또다시 그 일에 대해 하나님께 용서받을 수 있을지 의심한다면 그의 거짓말에 속아 넘어간 것이다.

당신이 그리스도께 신실한 것 이상으로 그리스도인들에 대해 냉소적이라면 당신의 저녁식탁에 누가 와서 앉아 있을지 짐작이 가고도 남는다.

1. "구원받았기 때문에 교회에 가는 게 아니라 구원받으려고 교회에 가는 당신을 발견한다면 당신은 그의 말에 귀를 기울이고 있는 것"이라는 말에 대해 설명하라.
이 문장에 어떤 의심이 나타나 있는가?

2. 당신은 '의심'이라는 불청객의 어떤 거짓말에 가장 취약한가?

보이지 않는 하나님께서 영원히 변치 않을 약속을 하시기 위해 가까이 다가오셨다. "내가 이 땅을 … 네 자손에게 주노니"(창 15:18).

하나님의 백성들은 종종 하나님을 잊었지만, 하나님은 그들을 잊지 않으셨다. 그분은 약속을 지키셨다.

그 땅은 마침내 그들의 것이 되었다. 하나님은 포기하지 않으셨다. 그분은 결코 포기하지 않으신다.

1. 당신은 어떤 상황에서 하나님을 잊는가?

2. 하나님이 "결코 포기하지 않으신다"는 것을 알면 어떤 기분이 드는가? 이러한 사실이 특히 위로가 된 것은 언제인가?

그러므로 다음번에 '의심'이라는 불쾌한 이웃이 나타나거든 그를 바깥으로 인도하라.
골고다 언덕으로 인도하라. 갈보리산으로 인도하라.
횃불을 옮긴 손이 거룩한 피로 '하나님은 당신을 포기하기 전에 독생자를 포기하실 것'이라는 약속을 쓴 장소인 십자가로 인도하라.

갈보리가 의심을 거두는 좋은 장소인 이유는 무엇인가?

영혼의 닻

디모데후서 2장 8-13절을 읽으라.

1. 의심과 싸우는 좋은 방법 중 하나는 기본적인 것들을 기억하는 것이다. 8절에서 바울은 디모데에게 무엇을 "기억하라"고 하는가? 이것이 기본적인 이유는 무엇인가?

2. 11절은 우리가 "주와 함께 죽었으면" 또한 함께 살리라고 약속한다. 주와 함께 죽는다는 게 무슨 뜻인가?
당신은 어떻게 주와 함께 죽을 수 있는가?

3. 12절에서 '참는 것'과 '왕 노릇 하는 것'은 어떤 연관이 있는가? 이것이 10절과 어떻게 연결되는가?

4. 12절에 어떤 경고가 나오는가? 여기에 어떻게 의심이 끼어드는가? 여기 나오는 바울의 경고를 누가복음 12장 8-9절에 나오는 예수님의 경고와 비교해 보라.

5. 13절에서 어떤 소망을 발견할 수 있는가? 이 위대한 소망은 어디에 기초하는가?

6. 하나님이 절대적으로 신실하시다는 것이 당신에게는 어떤 의미로 다가오는가?

인생의 닻

1. 이 장에는 하나님께서 그분의 백성들을 포기하지 않으신 예가 여럿 나온다. 당신의 인생 여정을 생각해 보라.
당신은 하나님께 신실하지 못했는데 하나님은 당신에게 신실하셨던 적이 있는가?
그것에 관해 적은 뒤 지인에게 그 이야기를 들려주라.

2. 의심이 좋게 작용할 때가 있는가? 의심을 직시했을 때 그로 인해 믿음이 더 견고해진 적이 있는가?
그때의 경험을 이야기하거나 글로 적으라. 다음번에 의심과 맞닥뜨릴 때 그 경험이 어떻게 도움이 될 수 있는가?

3. 의심과 하나님의 신실하심에 대한 통찰을 더 얻고 싶다면 필립 얀시(Philip Yancey)의 『하나님 당신께 실망했습니다』(Disappointment with God)를 읽으라.

6.

천사의 메시지

내가 화를 내는 건 당연했다. 나처럼 한 주를 보냈다면 당신 역시 화가 났을 것이다.

문제는 일요일 밤에 시작되었다. 당시는 내가 브라질에 살고 있을 때였고, 나는 친척들을 데리고 브라질 남부의 이과수폭포를 구경하러 갈 참이었다.

그런데 우리가 예약한 항공기의 비행이 취소되면서 상파울루 공항에 발이 묶였다. 예고도 없었고 설명도 없었다. 비행이 취소되었다는 통보뿐이었다. 원한다면 두 시간을 기다렸다가 다른 비행기를 타라고 했다. "원한다면"이라니! 으윽!

호텔에 도착했을 때쯤엔 비가 내렸고, 비는 우리가 떠나는 날까지 계속 내렸다. 나는 이과수폭포를 촬영하기 위해 비디오카메라를 메고 2킬로미터 가까이 빗속을 걸었다. 보슬비나 가랑비가 아니었다. 소나기도 아니었다. 앞이 보이지 않을 정도로 억수같이 퍼붓는 장대비였다.

폭포에 도착해 보니 카메라가 켜져 있었다. 오는 동안 줄곧 가방 안쪽을 촬영하느라 배터리가 거의 방전된 상태였다.

호텔로 돌아온 뒤 나는 카메라가 비 때문에 망가져 버린 것을 알았다. 그것을 고치려면 300달러 이상을 지불해야 했다. 그날은 수요일이었다. 한 주가 지나려면 아직 며칠이 더 남은 상태였다.

리우(Rio)에 있는 집으로 돌아오자 데날린이 다가오는 크리스마스를 친정 식구들과 함께 보내기로 했다고 이야기했다. 그때 이미 나는 우리 부모님과 형제들에게 크리스마스를 함께 보내자고 말해 둔 상태였는데 말이다.

목요일이 결정타였다.

집에서 쉬고 있는데 데날린에게서 전화가 왔다. 차가 고장 났다는 것이었다. 그 차는 딜러가 매우 양호하다고 했던 차다. 더 많은 돈을 지불해도 될 만큼 좋은 치라고 했던 차다. 아무 문제가 없을 거라고 했다. 그런데 고장이 났다. 그것도 시내 한복판에서, 모처럼 쉬는 날에 말이다.

나는 쇼핑센터까지 걸어갔다. 가는 도중에 아무에게도 말을 걸지 않았다. 내 기세가 심상치 않았던지 누구도 내게 말을 걸려 하지 않았다.

나는 운전석에 앉아서 시동을 켜 보았다. 소용없는 일이었다. 시동장치에 꽂혀 있는 차 키를 돌릴 때 내 귀에 들리는 것이라곤 자동차 딜러의 그럴싸한 말과 정비소 금전등록기의 쨍그랑거리는 소리뿐이었다. 그렇게 나는 주차장에서 고장 난 차와 씨름하며 한 시간을 보냈다.

결국 정비소에 연락하지 않을 수 없었다. 정비소에서는 견인차가 부족해서 지금 당장은 견인차를 보내 줄 수 없으니 몇 분간 기다려 줄 수 있겠느냐고 했다.

브라질에서 '몇 분'은 '몇 년'을 뜻한다. 그렇지만 기다렸다. 기다리고 또 기다렸다. 내 아이들이 자라서 그들의 아이들을 낳을 때까지 기다렸다.

해질 무렵이 되어서야 견인차가 나타났다. 기사는 내게 기어를 중립에 놓으라고 했다. 나는 차에 오르면서 마지막으로 한 번만 더 시도해 보기로 했다.

그런데 시동장치에 꽂혀 있는 차 키를 돌리자… 어떻게 되었는지 아는가? 당신의 짐작이 맞다. 시동이 걸렸다!

좋은 소식 아닌가? 그렇다. 좋은 소식이다. 견인차 기사가 가지 않고 기다리고 있다는 것을 알아차릴 때까지는 그랬다. 기사는 나에게 돈을 요구했다. 내가 "무슨 명목으로요?"라고 묻자 기사가 이렇게 대꾸했다. "시동이 걸린 게 내 잘못은 아니잖아요."

내가 포르투갈어로 입바른 소리를 할 줄 모르는 게 다행이었다.

나는 그가 내 차에 시동이 걸리는 것을 지켜본 것에 대한 대가를 지불했다.

그러고는 곧장 정비소로 차를 몰았다. 운전하는 동안 악마 둘이 내 양쪽 어깨에 내려앉았다. 눈에 보이지 않는다고 해서 그들이 덜 실제적으로 느껴지는 것은 아니었다. 그들은 거짓말쟁이의 언어를 구사하고 있었다.

두 악마 중 하나는 분노였다. 그때까지 내가 화를 터뜨리지 않은 사람이나 사건을 분노가 알아서 처리해 주었다. 나를 화나게 하는 것들의 목록은 길고도 추했다.

다른 하나는 자기연민이었다. 자기연민은 나에게서 들을 귀를 찾아냈다. 그는 내가 지난주를 힘들게 보냈을 뿐 아니라 인생 자체를 힘들게 살아왔음을 상기시켜 주었다. 내가 태어날 때부터 주근깨와 빨간 머리라는 핸디캡을 안고 태어난데다가 매사에 너무 느리고 '성공 가능성이 높다'고 예상된 적이 없으며, 이제는 낯선 땅에서 선교사로 이토록 고생을 하고 있다고 말이다.

그렇게 한쪽 귀에서는 분노가, 다른 쪽 귀에서는 자기연민이 목소리를 높였다. 그 순간 내가 그 아이를 보지 못했다면 무슨 짓을 했을지 알 수 없었다.

그 아이는 천사처럼 보이지 않았다. 아니, 조금도 천사 같지 않았다. 하지만 나는 그 아이가 천사라는 것을 안다. 오직 천사들만이 그런 메시지를 전해 주기 때문이다.

그 아이는 내 차의 유리창을 두드렸다.

"트로카딩유, 싱요르?"(Trocadinho, Senhor? 선생님, 동전 가진 것 좀 있으신가요?)

고작해야 아홉 살쯤 됐을까? 맨발에 상의는 벗은 채였다. 그리고 지저분했다. 너무 지저분해서 반바지를 입었는지 안 입었는지조차 분간이 안 될 지경이었다. 머리는 떡처럼 뭉쳐져 있었고, 피부도 거칠었다. 나는 창문을 내렸다. 어깨 위에서 들려오던 목소리가 조용해졌다.

"이름이 뭐니?"

"호세예요."

나는 인도 쪽을 건너다보았다. 다른 떠돌이 고아 두 명이 내 뒤에 오는 차들을 향해 걸어오고 있었다. 그 아이들 모두가 다 해진 체육복 반바지 말고는 입은 게 없었다.

"네 형제들이니?"

"아뇨, 친구들이에요."

"오늘 동전 좀 모았니?"

그 아이는 땟국물이 흐르는 손을 펴서 그 안에 가득한 동전을 보여 주었다. 잘하면 음료수 한 병 정도 살 수 있을 만큼이었다.

나는 지갑에서 동전 1달러 정도를 꺼냈다. 그 아이의 얼굴이 환해졌다. 그것을 보는 내 눈은 촉촉해졌다.

그때 신호등 불빛이 바뀌었고, 뒤에 있는 차들이 빵빵거렸다. 그곳을 떠나면서 아이의 모습을 보니 아이는 자기가 받은 것을 보여주려고 친구들에게 뛰어가고 있었다.

내 어깨 위의 목소리는 한 마디도 하지 못했다. 나도 마찬가지였다. 우리 셋은 부끄러움을 느끼며 침묵 속에서 차를 몰았다.

내가 너무 많은 불평을 늘어놓았다는 생각이 들었다. 하나님은 그것을 하나도 빠뜨리지 않고 들으셨을 것이다.

하나님께서 내 불평에 응답하신다면 어떻게 될까? 내 불평을 귀담아 들으셨다면?

그러셨을 수 있다. 내가 무심코 중얼거린 기도에 응답하셨을 수도 있다. 만약 응답하셨다면… 그 결과가 방금 내 방문 앞에 도착했다.

"비행이 취소되어 일정이 꼬이는 게 싫으냐? 그 아이에게는 그런 문제가 없다. 비디오카메라가 고장 나서 속상하냐? 그 아이는 그런 것 때문에 속상할 일이 없다. 오늘 저녁 끼니를 걱정할 수는 있어도 비디오카메라 때문에 걱정할 일은 없지. 가족들 문제로 머리가 아프다고? 네가 너무 바빠서 가족들을 챙기기 힘들다면 그 아이는 기꺼이 네 가족 중 한 명을 가속으로 받아들일 거다. 그리고 자동차가 어떻다고? 그래, 차가 종종 성가시긴 하지. 그렇다면 그 아이의 이동 수단을 사용해 보는 것은 어떠냐? 맨발로 걷는 것 말이다."

하나님은 그 아이를 통해 내게 메시지를 보내셨고, 그 메시지는 면도날처럼 날카로웠다.

"너는 샴페인이 엎질러졌다고 울고 있구나."

나는 움찔했다.

"너는 필수품이 부족해서가 아니라 사치품이 너무 많아서 불평을 하고 있어. 기본적인 것들이 아니라 부가적인 것들로 불평을 늘어놓고 있지. 네 문제의 근원은 다름 아닌 네가 받은 축복들이다!"

호세는 내가 준 1달러보다 훨씬 더 큰 것을 내게 주었다. 그 아이는 내게 감사에 대한 교훈을 주었다.

감사.

우리는 가지지 못한 것보다 가진 것을 더 많이 의식해야 한다. 아이의 포옹이나 기름진 땅, 황금빛 저녁노을 같은 단순한 것들의 가치를 인식해야 한다. 따스한 잠자리와 따뜻한 음식, 깨끗한 셔츠 같은 평범한 것들이 주는 안락함을 음미해야 한다.

천사에게서 하나님의 선물에 관한 일깨움을 받은 사람보다 더 감사할 이유가 많은 사람도 없을 것이다. 내가 그랬다. 그리고 그것은 프란치스체크 가조니체크(Franciszek Gajowniczek) 역시 마찬가지였다.

그의 이야기는 감동적이다. 죽음에서 아름다움을 발견하는 것은 어렵다. 죽음의 수용소에서 아름다움을 발견하기란 더더욱 어렵다. 특히 아우슈비츠에서는 말이다.

제2차 세계대전 때 그곳에서 400만 명의 유대인이 목숨을 잃었다. 그곳에는 지금도 죽은 사람의 머리카락 0.5톤이 보존되어 있으며, 독가스를 뿜어내던 샤워기가 그대로 남아 있다.

그러나 아우슈비츠의 그 모든 추한 기억에도 불구하고 아름다운 기억도 있다. 바로 막시밀리언 콜베(Maximilian Kolbe)에 대한 가조니체크의 기억 같은 것이다.

콜베는 1941년 2월에 아우슈비츠에 수감되었다. 그는 프란치스코회 신부(Franciscan priest)였다. 비참한 생활 속에서도 콜베 신부는 그리스도의 온유함을 보여 주었다. 그는 자신의 음식을 나눠 주었고, 잠자리를 양보했으며, 감시병들을 위해 기도했다. 가히 "아우슈비츠의 성자"라 할 만했다.

그해 7월에 수감자 한 명이 그곳을 탈출했다. 아우슈비츠에서는 한 명이 탈출할 때마다 열 명을 죽이는 관례가 있었다. 수감자들을 마당 한가운데 모아 놓고 수용소장이 임의로 열 명을 지목했다. 그러면 지목당한 사람들은 즉시 아사감방으로 보내져 죽을 때까지 물 한 모금 입에 대지 못했다.

그날도 수용소장이 아사감방으로 보낼 사람들을 지목하기 시작했다. 지목당한 사람들이 한 명씩 앞으로 나왔다. 열 번째로 불린 사람의 이름은 가조니체크였다.

나치대원들이 지목당한 사람들의 수감번호를 확인하자 지목당한 사람 중 하나가 흐느껴 울며 이렇게 말했다. "다시는 아내와 아이들을 볼 수 없다니…."

지목당한 사람들이 웅성거리며 몸을 움직였고, 나치대원들이 그들을 향해 고개를 돌렸다. 감시병들이 총을 겨눴다. 개들도 긴장하며 공격 명령을 기다렸다.

그때 한 수감자가 앞으로 걸어 나왔다. 콜베였다. 그의 얼굴에는 두려운 기색이 없었고, 발걸음에 망설임이 없었다. 감시병이 그 자리에 서지 않으면 쏘겠다고 외쳤다. 그러자 콜베는 "소장님께 드릴 말씀이 있습니다."라고 침착하게 말했다. 어떤 이유에서인지 나치 대원은 그에게 몽둥이질을 하거나 총을 쏘지 않았다. 콜베는 수용소장에게서 몇 발짝 떨어진 곳에 서서 모자를 벗어 들고 그의 눈을 바라보며 말했다.

"소장님, 청이 있습니다."

아무도 그를 쏘지 않은 것은 기적이었다.

"제가 이 사람 대신 죽겠습니다."

그는 흐느끼는 가조니체크를 가리켰다. 그토록 놀라운 요청을 하면서 말도 더듬지 않았다.

"제겐 아내도 없고 아이들도 없습니다. 게다가 저는 늙어서 아무 짝에도 쓸모가 없습니다. 이 사람은 건강 상태가 저보다 양호해 보이는군요."

콜베는 나치의 심리를 잘 알고 있었다.

"넌 누구냐?" 소장이 물었다.

"가톨릭 사제입니다."

모두가 놀랐다. 수용소장은 평소의 그답지 않게 할 말을 잃었다. 잠시 후 그가 버럭 소리를 질렀다.

"청을 수락한다."

수감자들은 서로 대화를 나눌 수 없었기에 가조니체크는 훗날 이렇게 말했다.

"나는 눈으로 감사의 뜻을 전할 수밖에 없었습니다. 너무 놀라서 무슨 일이 일어나고 있는지 잘 분간이 안 되는 상황이었어요. 죽을 운명이었던 내가 살고, 다른 누군가가, 그것도 전혀 모르는 사람이 나 대신 기꺼이, 그것도 자발적으로 죽어 간다는 게 믿기지 않았습니다. 꿈인가 싶었지요."

그러나 아우슈비츠의 성자는 다른 아홉 명의 죄수보다 더 오래 살았다. 그는 아사감방에서 죽지 않았고, 한참 뒤인 1941년 8월 14일에 석탄산 주사를 맞고 죽었다.

이후 가조니체크는 살아서 고향으로 돌아갔다. 그러나 매년 8월 14일이 되면 그는 자기 대신 죽은 사람에게 고마움을 표하고자 아우슈비츠를 방문한다. 뿐만 아니라 그의 집 뒤뜰에는 명판이 하나 있다. 그가 직접 새긴 그 명판은 그를 대신하여 죽은 막시밀리언 콜베를 기리기 위한 것이다.[3]

때로는 우리가 가진 것을 상기시켜 주기 위해 천사가 필요할 때가 있다.

나와 프란치스체크 가조니체크 사이에는 비슷한 점이 많지 않다. 우리는 서로 다른 언어를 사용하고, 서로 다른 국기에 경례를 한다.

---

3) 이 이야기는 패트리셔 트리스(Patricia Treece)의 『다른 사람들을 위한 사람』(*A Man for Others*)에서 각색한 것이다.

우리에게는 서로 다른 조국이 있다. 그러나 우리에게는 세 가지 공통점이 있다.

우리 둘 다 천사 덕분에 감옥에서 해방되었다.

우리 둘 다 우리를 대신하여 죽은 유대인 교사가 있다.

그리고 우리 둘 다 우리가 가진 것이 장차 우리가 갖고 싶어 할지도 모르는 그 어떤 것보다 위대하다는 것을 배웠다.

STUDY GUIDE

마음의 닻

하나님께서 내 불평에 응답하신다면 어떻게 될까? 내 불평을 귀담아 들으셨다면? 그러셨을 수 있다. 내가 무심코 중얼거린 기도에 응답하셨을 수도 있다. 만약 응답하셨다면… 그 결과가 방금 내 방문 앞에 도착했다.

1. 하나님께서 응답하지 않으신 것이 오히려 다행이라고 생각되는 기도를 드린 적이 있는가? 어떤 기도였는가? 우리가 왜 쉽게 불평을 늘어놓는다고 생각하는가?

2. 당신은 최근에 어떤 '천사'를 만났는가?

하나님은 그 아이를 통해 내게 메시지를 보내셨고, 그 메시지는 면도날처럼 날카로웠다.
"너는 샴페인이 엎질러졌다고 울고 있구나." 나는 움찔했다.
"너는 필수품이 부족해서가 아니라 사치품이 너무 많아서 불평을 하고 있어. 기본적인 것들이 아니라 부가적인 것들로 불평을 늘어놓고 있지. 네 문제의 근원은 다름 아닌 네가 받은 축복들이다!"

1. 하나님이 당신에게도 같은 말씀을 하실 것이라고 생각하는가? 왜 그렇게 생각하는가?

2. 당신에게 주어진 가장 큰 복 열 가지를 적어 보라.

가조니체크는 살아서 고향으로 돌아갔다. 그러나 매년 8월 14일이 되면 그는 자기 대신 죽은 사람에게 고마움을 표하고자 아우슈비츠를 방문한다. 뿐만 아니라 그의 집 뒤뜰에는 명판이 하나 있다. 그가 직접 새긴 그 명판은 그를 대신하여 죽은 막시밀리언 콜베를 기리기 위한 것이다.

1. 가조니체크가 매년 8월 14일에 아우슈비츠를 방문하 는 이유는 무엇인가? 당신이 가조니체크라면 그 여행을 계속하겠는가? 그 이유는 무엇인가?

2. "그를 대신하여 죽은"이라는 말은 구원받은 죄인과 예수님의 관계를 생각하게 한다. 왜 그런지 설명해 보라.

영혼의 닻

요한복음 11장 45-52절을 읽으라.

1. 이 본문의 바로 앞에서 요한은 예수님께서 나사로를 죽은 자 가운데서 살리신 이야기를 한다. 이 기적으로 어떤 일이 벌어졌는가?(45절) 이 일이 어떻게 나사로를 다른 사람들에게 '천사'로 만들었는가?

2. 사람들은 이 '천사'에게 어떻게 반응하였는가?(45-46절; 눅 12:9-11) 하나님께서 우리에게 보내 주신 '천사'에게 우리는 어떻게 반응할 수 있는가?

3. 요한복음 11장 49-50절에서 가야바가 한 말은 무슨 뜻인가?

4. 하나님께서 가야바의 말을 통해 의도하신 바는 무엇인가?(51-52절)

5. 같은 말에 대한 두 가지 해석에서 하나님이 일하시는 전형적인 방식을 볼 수 있는가?(행 4:24-28 참조)

6. 요한복음 11장 51-52절에 따르면 예수님이 죽으신 목적은 무엇인가? 그분은 누구를 위해 죽으셨는가? 예수님이 위하여 죽으신 사람들 중에 당신도 포함되는가?

인생의 닻

1. 당신이 감사하게 생각하는 사람들은 누구인가? 그들은 그런 당신의 마음을 아는가? 만약 알지 못한다면 그들에게 감사의 마음을 전하고, 그들이 왜 그토록 소중한지 이야기해 주라. 적절한 시간에 적절한 말로 그들에게 힘을 불어넣어 줄 수 있도록 하나님께 도움을 요청하라.

2. 이번 주에 시간을 내어 친구와 함께 노숙자 쉼터나 선교단체를 방문하라. 그곳에 있는 사람들과 대화를 나누며 그들이 어떤 사람들이고 어떤 일을 겪었는지 알아보라. 그곳에서 일하는 사람들과 이야기를 나누라. 그곳에 오는 사람들에게 필요한 것은 무엇인가? 지역사회에서는 소외된 이웃을 어떻게 대하는가? 당신이 그들을 위해 할 수 있는 일은 무엇인가?

7.

기억하라

이날 곧 안식 후 첫날 저녁 때에 제자들이 유대인들을 두려워하여 모인 곳의 문들을 닫았더니(요 20:19).

예수 그리스도의 교회는 두려움에 휩싸여 예루살렘의 어느 다락방에 모인 사람들로부터 시작되었다.

훈련도 받고 가르침도 받았지만 그들은 무슨 말을 해야 좋을지 몰랐다. 3년간 예수님과 동행했지만 이제 그들은 두려움 가운데 있었다. 그들은 소심한 병사들이요, 망설이는 전사들이요, 할 말을 잃은 전령들이었다.

그들의 가장 용감한 행위는 일어나 문을 걸어 잠그는 것이었다. 창밖을 내다보는 사람도 있었고, 벽을 바라보는 사람도 있었고, 바닥을 내려다보는 사람도 있었다. 그들 모두가 자신의 내면을 들여다 보고 있었다.

그러는 것도 당연했다. 지금은 스스로를 돌아보는 시간이었기 때문이다. 그들의 모든 노력이 너무도 허무해 보였다. 지키지 못한 약속이 그들을 괴롭혔다. 로마 병사들이 예수님을 끌고 갈 때 제자들은 예수님을 버리고 달아났다. 예수님의 희생을 상징하는 떡으로 그득한 배를 끌어안고 언약의 포도주 냄새를 풍기며 달아났다.

그들의 호언장담은 어떻게 된 것일까? 그 모든 헌신선언은 어떻게 된 것일까? 그들은 충격에 휩싸인 채 겟세마네 동산 입구에 널브러져 있었다.

우리는 제자들이 겟세마네 동산에서 달아났을 때 그들이 어디로 갔는지 알지 못하지만 무엇을 가지고 갔는지는 안다. 그들은 추억을 가지고 갔다. 자신이 육체를 입고 오신 하나님이라고 말씀하신 분에 대한 심장이 멎을 듯한 추억 말이다.

제자들은 예수님을 마음속에서 몰아낼 수가 없었다. 사람들의 무리 속에 섞여서 잊어 보리고 했지만, 잊히지 않았다. 한센병 환자를 보면 예수님의 연민이 생각났다. 폭풍이 치는 소리를 들으면 예수님께서 폭풍을 잠잠케 하시던 날이 떠올랐다. 어린아이를 보면 예수님께서 어린아이를 안고 계시던 날이 생각났다. 성전으로 끌려가는 양을 보면 피 흘리시는 예수님의 얼굴과 사랑 가득한 그분의 눈빛이 떠올랐다.

제자들은 그분을 잊을 수 없었다. 그래서 결국 돌아왔다. 그 결과, 다락방에 모인 겁에 질린 사람들로부터 우리 주님의 교회가 시작되었다.

많이 들어 본 이야기인가? 상황은 2,000년이 지나도록 별반 달라지지 않았다. 오늘날 얼마나 많은 교회들이 두려움에 휩싸인 채 다락방 안에 머물러 있는가?

함께 모이기는 해도 밖으로 나가서 복음을 전하지는 않는 사람들이 얼마나 많은가?

문이 잠겨 있지 않아도 잠겨 있는 것이나 다름없다.

다락방의 허무. 약간의 믿음은 있을지 몰라도 열정은 거의 없다.

"물론이지요. 우리는 세계 선교를 위해 나름대로 노력하고 있습니다. 작년에도 열 명이 통신강좌를 들었어요. 이제 곧 연락이 올 겁니다."

"단언컨대 우리는 세계 선교에 관심을 기울이고 있습니다! 한 달에 150달러를… 이름이 뭐였더라… 음, 그곳이 어디인지는 생각이 안 나지만… 어쨌거나 그곳의 사역을 위해 기도합니다."

"전 세계의 굶주리는 사람들이요? 물론 기아 문제는 우리가 우선적으로 관심을 기울이는 일 중 하나입니다. 사실 우리는 그 문제로 기획회의를 계획하고 있어요. 그게 우리가 계획 중인 일이랍니다."

선한 사람들과 다양한 아이디어들, 무수히 많은 선한 의도, 예산, 회의, 수많은 말과 약속들.

그러나 이 모든 일이 이루어지는 동안 문은 굳게 닫혀 있고, 그 안에서 일어나는 일은 비밀로 남는다.

당신은 그리스도에게서 등을 돌리지는 않지만, 그분을 향해 돌아서지도 않는다.

그분의 이름을 저주하지 않지만, 찬양하지도 않는다.

무언가 해야 한다는 것은 알지만, 무엇을 해야 할지 확신이 서지 않는다.

함께 모여야 한다는 것은 알지만, 그 이유는 확신하지 못한다.

다락방의 허무. 잠긴 문 뒤에서 혼란에 빠진 제자들.

잠긴 문을 여는 데 필요한 것은 무엇인가? 선교의 불을 지피는 데 필요한 것은 무엇인가? 1세기의 열정을 회복하기 위해 필요한 것은 무엇인가? 어떻게 하면 제자들이 잠긴 문을 열고 힘차게 걸어 나올 수 있는가?

더 많은 훈련을 받아야 하는가? 그것도 필요한 부분이다. 보다 나은 전략을 수립해야 하는가? 그것도 도움이 될 것이다. 세계 선교에 대한 보다 원대한 비전이 있어야 하는가? 의심할 나위 없이 그렇다. 더 많은 돈이 있어야 하는가? 물론이다. 성령님께 더 깊이 의뢰해야 하는가? 절대적으로 그렇다.

그러나 이 모든 것 중에 결코 간과되어서는 안 될 기본적인 요소가 하나 있다. 그것 없이는 실패할 수밖에 없는 대단히 중요한 요소다. 우리를 바깥으로 나오게 하는 데 필요한 것은 2,000년 전에 사도들을 바깥으로 나오게 하는 데 필요했던 바로 그것이다.

다음과 같은 장면을 상상해 보라. 베드로와 요한과 야고보가 돌아왔다. 용서의 우물에 아직 몇 방울의 물이 남아 있으리라는 기대를 안고, 주님께서 그들에게 몇 마디 말이나 어떤 계획, 어떤 지침을 남기셨기를 꿈꾸며 말이다.

하지만 그들은 자신들의 가장 원대한 꿈도 충분히 원대하지 못하다는 것을 알지 못했다. 누군가 "소용없는 일이야."라고 웅얼거린 바로 그때 어떤 소리가 들려왔다. 어떤 목소리였다. "너희에게 평강이 있을지어다"(요 20:19).

모두가 고개를 들었다. 그리고 주변을 돌아보았다. 모두들 입이 벌어졌다. 누군가 문을 바라보았다.

문은 여전히 잠겨 있었다. 그것은 사도들이 결코 잊지 못할 순간이었다. 결코 말하기를 그치지 않을 이야기였다. 무덤 입구의 바위도 예수님께서 무덤에서 나가시는 것을 막지 못했다. 다락방의 벽도 예수님께서 방에 들어오시는 것을 막지 못했다.

배반을 당하신 분이 배반한 사람들을 찾아오셨다. 그분이 그들에게 뭐라고 하셨는가? 그분은 "이런 한심한 놈들!"이라고 말씀하시지 않았다. "내 이럴 줄 알았다"고도 말씀하시지 않았다. "내가 너희들을 필요로 할 때 너희들은 어디 있었느냐?"라는 식으로 설교를 늘어놓지도 않으셨다. 그분은 단지 "너희에게 평강이 있을지어다."라고 말씀하셨다. 제자들에게 없었던 바로 그것, 평강을 주셨다.

그것은 믿을 수 없을 만큼 좋은 일이었다. 예수님이 나타나신 게 너무도 놀라워서, 몇몇 제자들은 예수님이 승천하실 때에도 "나 좀 꼬집어 보게. 내가 꿈을 꾸고 있는 게 아닌지 모르겠어."라고 말할 정도였다(마 28:17 참조). 그들이 크게 기뻐하며 예루살렘으로 돌아간 것도 당연한 일이었다!(눅 24:52) 성전에서 하나님을 찬송한 것도 당연한 일이었다!(눅 24:53)

몇 주 뒤, 변화된 베드로가 "이스라엘 온 집은 확실히 알지니 너희가 십자가에 못 박은 이 예수를 하나님이 주와 그리스도가 되게 하셨느니라"(행 2:36)고 말할 때 그의 옆에는 변화된 사람들이 서 있었다. 베드로의 말에는 주저함이 없었다. 일말의 망설임도 없었다. 약 3,000명의 사람이 그의 메시지를 듣고 믿었다.

이와 같이 사도들은 신앙 운동에 불을 지폈다. 많은 사람이 죽음을 이기신 분의 제자가 되었다. 그들은 예수님에 대해 아무리 많이 말하고 들어도 지칠 줄 몰랐다. 스스로를 "그리스도인"이라고 부르기 시작했다. 그리스도가 그들의 모범이 되시고 메시지가 되셨다. 그들은 '예수 그리스도와 그분의 못 박히심'에 대해 설교했다. 다른 주제가 없어서가 아니라 그것에 대해 아무리 많이 이야기해도 부족했기 때문이다.

사도들의 마음문을 연 것은 무엇인가?

간단하다. 그들은 예수님을 보았다. 그들은 그리스도를 만났다. 그들의 죄가 그들의 구원자와 충돌했고, 구원자가 승리하셨다! 사도들의 가슴에 불을 지핀 것은 그들을 지옥으로 보내셨어야 할 분이 그들을 대신해서 죽으셨으며, 여기에 대해 말씀하시고자 다시 오셨다는 확신이었다.

그 후 몇 십 년 동안 그들에게는 많은 일이 일어난다. 수많은 밤을 한데에서 자고, 굶주림에 속이 쓰리고, 뼛속까지 비에 젖고, 돌에 맞아 몸이 으스러질 지경이 된다. 또한 난파를 당하고, 채찍질을 당하고, 순교한다. 그럼에도 불구하고 그들의 기억 속에는 그들로 하여금 결코 뒤돌아보지 않게 하는 장면이 있었다. 바로 배반을 당하신 분이 배반한 자들을 찾아오신 장면이다. 예수님께서 오신 것은 그들을 질책하려 하심이 아니라 사람들 가운데로 보내려 하심이다. 예수님께서 오신 것은 그분을 잊었다고 꾸짖으려 하심이 아니라 그분을 기억하라고 명하려 하심이다. 예수님께서 죽은 자 가운데서 살아나신 것과 죄인들이 용서받은 것을 기억하라.

당신이 예수님을 처음 보았을 때를 떠올려 보라. 그리스도를 처음 만났을 때를 생각해 보라. 그 순간으로 돌아가 그때의 안도감을 되살리고 그때의 순수한 마음을 떠올려 보라. 다시금 그때의 열정을 불러일으켜 보라. 기억이 나는가?

나는 기억이 난다. 1965년, 얼굴에 주근깨가 가득한 빨간 머리의 열 살 소년이 수요일 저녁의 성경공부 시간에 앉아 있었다. 그 시간과 관련한 몇몇 장면이 떠오른다. 학생들 이름의 이니셜이 새겨진 책상, 칠판, 수업을 듣고 있거나 듣고 있지 않는 열 명가량의 아이들, 배가 나와서 양복재킷이 꼭 끼던 선생님.

선생님은 예수님에 대해 이야기하는 중이다. 십자가에 대해 설명하고 있다. "여러분은 여러분 스스로를 구원할 수 없습니다. 여러분에게는 구원자가 필요합니다." 전에 들어 본 말이지만 그날 저녁에는 보다 확실하게 와 닿았다. 왜 다른 날에 비해 그날 저녁에 특별히 그 말이 와 닿았는지 모르겠지만 어쨌든 그랬다. 선생님은 내가 막연히 알고 있던 사실, 즉 내가 잃어버린 바 되었음을 분명하게 말씀해 주셨고, 내게 구원자가 필요함을 설명해 주셨다. 그날 저녁 이후로 내 마음은 예수님께 속했다.

많은 사람이 열 살이라는 나이는 그런 결정을 내리기에 너무 어리다고 말할 것이다. 어쩌면 그 말이 맞을 것이다. 그러나 내가 아는 전부는 내 평생 그토록 진지한 결단을 내려 본 적이 없다는 것이다. 나는 하나님에 대해 많이 알지 못했지만 내가 알고 있는 것만으로도 충분했다. 나는 천국에 가고 싶었고, 혼자서는 그것이 불가능하다는 것을 알았다.

누구도 나에게 즐겁게 지내라거나 전도하라고 말할 필요가 없었다. 나는 가만히 앉아 있을 수가 없었다. 나는 학교 친구들 모두를 전도했고, 자전거에 성경구절이 쓰여 있는 스티커를 붙이고 다녔다. 고린도후서 4장 13절을 읽은 적은 없지만 그 말의 의미를 알고 있었다. "믿었으므로 또한 말하노라." 진정으로 용서받으면 그 사실을 강력히 선포하게 된다.

정확한 기억과 효과적인 전도 사이에는 직접적인 상관관계가 있다. 만약 우리가 사람들에게 구원 얻는 법을 가르치지 않는다면, 그것은 아마도 우리가 잃어버린 바 된 것의 비극을 잊었기 때문일 것이다. 만약 우리가 사람들에게 용서의 메시지를 가르치지 않는다면, 그것은 우리가 죄 가운데 있는 것이 어떤 것인지 기억하지 못하기 때문일 것이다. 만약 우리가 십자가에 대해 설교하지 않는다면, 그것은 우리가 무의식적으로 십자가가 필요하지 않다고 결정했기 때문일 수 있다.

바울은 아마도 그가 마지막으로 써 보냈을 편지에서 디모데에게 잊지 말라고 호소한다. 가까운 곳에서 그의 목을 벨 칼을 가는 소리가 들려오는 중에 기록한 그 편지에서 그는 디모데에게 기억할 것을 촉구한다.

"예수 그리스도를 기억하라"(딤후 2:8). 노전사인 바울이 미소를 지으며 이 말을 쓰는 모습을 마음속에 그려 보라. "내가 전한 복음대로 다윗의 씨로 죽은 자 가운데서 다시 살아나신 예수 그리스도를 기억하라."

삶이 힘들 때 예수님을 기억하라. 사람들이 당신의 말에 귀 기울이지 않을 때 예수님을 기억하라. 눈물이 날 때 예수님을 기억하라.

낙심될 때 예수님을 기억하라. 두려움이 몰려올 때 예수님을 기억하라. 죽음의 그림자가 어른거릴 때, 분노가 치솟을 때, 수치가 온몸을 휘감을 때 예수님을 기억하라.

인간의 육체를 입고 오신 거룩한 이를 기억하라. 그분의 거친 손에 병 고침 받은 사람들을 기억하라. 그분의 갈릴리 억양이 섞인 목소리에 죽은 자 가운데서 불려 나온 사람들을 기억하라. 인간의 눈물을 흘리신 하나님의 눈을 기억하라. 무엇보다도 죽음을 이기신 다윗의 자손을 기억하라.

당신은 지금도 기억하는가? 여전히 그분을 사랑하는가? 바울은 기억하라고, 예수님을 기억하라고 호소한다. 그 무엇보다도 예수님을 기억하라. 다른 것은 다 잊어도 예수님은 잊지 말라.

우리는 얼마나 빨리 잊어버리는지 모른다. 살다 보면 많은 일이 일어난다. 내적으로 많은 변화를 겪고, 외적으로도 너무나 많은 변화를 경험한다. 그리고 지나온 날 어딘가에 그분을 남겨 둔다. 우리는 그분에게서 등을 돌리지 않는다. 다만 그분과 동행하지 않을 뿐이다. 우리는 과제를 하고, 승진을 하고, 예산을 짠다. 아이들이 태어나고, 그리고 그리스도는… 그리스도는 잊혀진다.

경외감에 사로잡힌 채 하늘을 본 것이 언제인가? 하나님의 거룩하심과 당신의 속됨을 깨달은 것이 언제인가?

이 모든 것이 오래전 일이라면 당신은 하나님께서 여전히 거기 계시다는 것을 알아야 한다. 하나님은 당신을 떠나지 않으셨다. 그 모든 서류와 책과 보고서 더미 아래 그분이 계신다. 그 모든 목소리와 얼굴과 추억과 사진들 속에 그분이 계신다.

당신 자신에게 호의를 베풀라. 다시 그분 앞에 서라. 혹은 그분이 당신 앞에 서시게 하라. 당신의 다락방에 들어가 기다리라. 그분이 오실 때까지 기다리라.

그분이 오시면 자리를 뜨지 말라. 그분의 발을 만져 보고 그분의 옆구리에 손을 넣어 보라. 그리고 그분의 눈을 들여다보라. 지옥문을 녹이시고 마귀와 사탄을 내쫓으신 바로 그 눈을 들여다보라. 당신의 눈을 바라보시는 그 눈을 들여다보라. 그러면 당신은 결코 예전으로 돌아갈 수 없을 것이다.

자신의 지독한 절망과 그리스도의 무한한 은혜를 동시에 본 사람은 결코 예전 같을 수 없다. 은혜를 보지 않고 절망만 보면 자살에 이르게 된다. 은혜만 보고 절망을 보지 않으면 다락방의 허무에 이른다. 그러나 둘 다 보면 회심하게 된다.

STUDY GUIDE

마음의 닻

예수 그리스도의 교회는 두려움에 휩싸여 예루살렘의 어느 다락방에 모인 사람들로부터 시작되었다.

1. 이들이 두려움에 휩싸인 이유는 무엇인가?

2. 오늘날의 제자들이 두려워하는 이유는 무엇이라고 생각하는가?

배반을 당하신 분이 배반한 사람들을 찾아오셨다. 그분이 그들에게 뭐라고 하셨는가? 그분은 "이런 한심한 놈들!"이라고 말씀하시지 않았다. "내 이럴 줄 알았다"고도 말씀하시지 않았다. "내가 너희들을 필요로 할 때 너희들은 어디 있었느냐?"라는 식으로 설교를 늘어놓지도 않으셨다.
그분은 단지 "너희에게 평강이 있을지어다."라고 말씀하셨다. 제자들에게 없었던 바로 그것, 평강을 주셨다.

1. 예수님께서 자신을 배반한 사람들을 찾아오신 것이 왜 중요한가? 만약 예수님이 그렇게 하지 않으셨다면 어떻게 되었을까?

2. 예수님은 왜 "너희에게 평강이 있을지어다."라고 말씀하셨는가? 제자들에게 왜 평강이 필요했는가?

사도들의 마음문을 연 것은 무엇인가? 간단하다. 그들은 예수님을 보았다. 그들은 그리스도를 만났다. 그들의 죄가 그들의 구원자와 충돌했고, 구원자가 승리하셨다! 사도들의 가슴에 불을 지핀 것은 그들을 지옥으로 보내셨어야 할 분이 그들을 대신해서 죽으셨으며, 여기에 대해 말씀하시고자 다시 오셨다는 확신이었다.

1. "그들의 죄가 그들의 구원자와 충돌했고, 구원자가 승리하셨다!"라는 말을 설명해 보라.

2. 2,000년 전에 예수님께서 제자들과 상호작용하신 방식이 중요한 이유는 무엇인가?

당신이 예수님을 처음 보았을 때를 떠올려 보라. 그리스도를 처음 만났을 때를 생각해 보라. 그 순간으로 돌아가 그때의 안도감을 되살리고 그때의 순수한 마음을 떠올려 보라. 다시금 그때의 열정을 불러일으켜 보라. 기억이 나는가?

1. 당신이 "그리스도를 처음 만났을 때"에 대해 이야기해 보라.

2. 당신은 언제 그리스도를 처음 만났는가? 만약 타임머신을 타고 그 순간으로 돌아갈 수 있다면 그렇게 하겠는가? 그 이유는 무엇인가?

정확한 기억과 효과적인 전도 사이에는 직접적인 상관관계가 있다. 만약 우리가 사람들에게 구원받는 법을 가르치지 않는다면, 그것은 아마도 우리가 잃어버린 바 된 것의 비극을 잊었기 때문일 것이다. 만약 우리가 용서의 메시지를 가르치지 않는다면, 그것은 우리가 죄 가운데 있는 것이 어떤 것인지 기억하지 못하기 때문일 것이다. 만약 우리가 십자가에 대해 설교하지 않는다면, 그것은 우리가 무의식적으로 십자가가 필요하지 않다고 결정했기 때문일 수 있다.

1. 당신이 "잃어버린 바" 되었을 때의 기억을 떠올려 보라. 당신은 죄책감을 느꼈는가? 어떤 점에서 그러했는가?

2. 당신에게 십자가가 필요하다고 생각하는가? 그렇게 생각하는 이유는 무엇인가?

자신의 지독한 절망과 그리스도의 무한한 은혜를 동시에 본 사람은 결코 예전 같을 수 없다. 은혜를 보지 않고 절망만 보면 자살에 이르게 된다. 은혜만 보고 절망을 보지 않으면 다락방의 허무에 이른다. 그러나 둘 다 보면 회심하게 된다.

회심에 "절망"과 "은혜"가 모두 필요한 이유는 무엇인가?

영혼의 닻

사도행전 23장 6-15절을 읽으라.

1. 바울이 붙잡혀 있는 이유는 무엇인가?(6절) 그가 예수님에 대해 침묵했다면 소요가 일었을까?

2. 고난을 당하는 바울에게 힘과 용기를 불어넣어 준 사건은 무엇인가?(11절) 그 사건이 어떻게 도움이 되었는가?

3. 위기에 처한 바울에게 주님의 말씀이 도움이 되었는가?(12-15절) 그 말씀이 바울에게 무엇을 보장해 주는가?

4. 예수님을 보는 것에는 담대함과 힘을 주는 무엇이 있는가?

5. 당신은 예수님을 실제로 보지 않고도 그분을 볼 수 있는가? 만약 그렇다면, 어떻게 볼 수 있는가?

인생의 닻

1. 30분 정도 시간을 내어 십자가에 대해 묵상하라. 다음과 같은 방법을 사용할 수 있을 것이다.
   ① 당신이 누구이고 예수님이 누구신지, 그리고 그분이 당신을 위해 무엇을 하셨는지 기억하라. 예수님의 어떤 점이 특히 놀랍게 느껴지는가?
   ② 십자가를 주제로 한 찬송가를 찾아서 그 가사를 소리 내어 읽거나 노래하라.
   ③ 우주의 창조주이신 하나님께서 당신을 위해 죽으신 것으로 인해 당신이 경외감으로 가득 찰 수 있도록 하나님의 도우심을 구하라. 시편 22편을 읽으면 생각을 가다듬는 데 도움이 될 것이다.

2. 두 사람씩 짝을 지어 서로에게 다음의 질문을 읽어 주라. 질문에 대

한 답을 쓰되, 모든 질문에 답할 때까지 평가하지 말라. 당신이 그렇게 생각해야 한다고 믿는 것이 아닌, 당신의 진짜 생각을 쓰라.

① 예수님께서 당신이 그분과 어떤 관계라고 말씀하실 것 같은가?
② 예수님은 당신을 어떻게 생각하시는가?
③ 당신은 예수님을 어떻게 생각하는가?
④ 당신은 예수님이 제자들에게 하셨던 것처럼 당신에게도 평강을 주실 거라 생각하는가, 아니면 당신을 꾸짖으실 거라 생각하는가? 그렇게 생각하는 이유는 무엇인가?

답을 다 쓴 뒤 두 사람이 함께 그 내용을 읽으면서 당신의 답에 드러난 것들을 요약해 보라.

3. 당신은 현재 어떤 어려움에 처해 있는가? 그것을 적은 뒤 그 옆에 당신이 그러한 폭풍을 견딜 수 있도록 예수님께서 어떻게 도우실 수 있는지 써 보라.

2부

닻을 내릴 지점 2

실수는 치명적이지 않다

8.

치명적인 실수

떨리는 필체였다. 줄이 쳐진 종이에 검은색 잉크로 쓰여 있었고, 어조는 절박했다. 그것은 미국 정부 앞으로 보낸 1974년 2월 6일자 편지였다.

'제2차 세계대전 때 훔친 담요 값으로 10달러를 보냅니다. 이것 때문에 늘 마음이 불편했어요. 너무 늦게 보내서 미안합니다.'

보낸 사람은 '전직 군인'으로 되어 있었고, '나는 하나님을 만날 준비를 하고 싶습니다.'라는 추신이 덧붙여져 있었다.

이 군인만 이런 편지를 보낸 게 아니었다. 그의 편지는 1811년에 미국 정부에서 이런 편지들을 접수하기 시작한 이후 미국 정부에 보내진, 문자 그대로 몇 톤이나 되는 편지들 중 하나다.

그때 이후로 '양심펀드'라고 불리는 계좌에 350만 달러가 모였다.

연평균 4만 5천 달러가 모였고, 가장 많이 모인 해인 1950년에는 35만 달러가 모였다.

브라질에 사는 한 남자는 기병대 부츠 두 켤레와 바지 두 벌, 전투식량 한 상자, 그리고 1943년부터 1946년까지 그가 부대에서 훔친 냉동고기 13킬로그램 값으로 50달러를 보냈다.

후회만 크고 금액은 적은 경우도 있었다.

콜로라도에 사는 한 여인은 우표 하나를 두 번 사용한(어떤 이유에서인지 소인이 찍힌 우표가 무효로 처리되지 않았다) 것에 대한 보상으로 8센트짜리 우표 두 장을 보냈다.

어느 전직 국세청 직원은 쓰고 돌려주지 않은 볼펜 네 자루 값으로 1달러를 보냈다.

오하이오주 살렘(Salem)에 사는 한 남자는 다음과 같은 글과 함께 1달러를 보냈다.

'저는 어릴 때 동전 몇 개를 기차가 지나가는 철로 위에 올려놓아 동전을 납작하게 만들었습니다. 그리고 고등학교 때는 동전에 은색 코팅을 입히는 실험을 했습니다. 제가 듣기로 화폐훼손금지법 같은 게 있다고 합니다. 그 법이 시행되는 것을 본 적은 없지만, 저는 법을 준수하는 시민이 되고 싶습니다.'

30년 전의 실수가 걱정되는가?

납작해진 동전이 마음에 걸리는가?

사무실 볼펜을 가져다 쓴 것에 대해 양심의 가책을 느끼는가?

깨끗한 양심을 위해 노력하는 것이 흔하고 자연스러운 일이 아니라면 이 편지들이 우스꽝스럽게 느껴질 것이다. 그러나 깨끗한 양심을 위해 애쓰는 것은 매우 일반적인 현상이다.

당신은 자신의 잘못에 어떻게 대처하는가?

실수는 돌멩이가 되어 우리에게 다시 돌아온다. 우리가 실족했음을 나타내 주는 돌멩이가 되어서 말이다.

우리는 그 돌멩이를 손에 들고 다닌다. 그러다가 곧 두 손이 돌멩이로 가득 찬다. 그래서 그것을 주머니에 넣지만, 금세 주머니가 불룩해진다. 가방에 넣어 어깨에 메고 다녀 보지만, 곧 가방이 찢어진다. 그렇게 어제의 실수가 담긴 가방은 너무도 빨리 무거워져서 우리는 그것을 질질 끌고 다녀야 한다.

여기 내 사무실로 운반되어 온 실수 몇 가지가 있다.

불성실. 남편은 다시 한 번 노력해 보고 싶어 했다. 아내는 단호하게 거절했다. 남편은 한 번만 더 기회를 달라고 했다. 아내는 그가 기회를 날려 버렸다고 말했다. 남편은 자신이 다른 여자를 만나는 잘못을 저질렀음을 시인했다. 그제야 비로소 자신의 잘못이 결혼생활에 치명적이었음을 깨달았다.

동성애. 그의 손목에는 자살을 시도한 흔적이 있었다. 그의 팔에도 무수히 많은 주삿바늘 자국이 있었다. 그의 눈에서 자기 파괴를 결심한 사람의 영혼이 비쳤다. 그의 말은 마치 침울하게 판사의 선고를 기다리는 죄수 같았다. "저는 동성애자입니다. 아버지는 저를 '이상한 놈'이라고 하시지요. 그 말이 맞는 것 같습니다."

분열. 어느 교회 지도자가 복종을 요구했다. 교인 하나가 회중에게 보다 큰 목소리를 낼 것을 촉구했다. 교회는 마치 시한폭탄을 안고 있는 듯했다. 결국 폭탄이 터졌고, 그 결과 교인 절반이 교회를 떠나고 많은 사람이 상처를 입었다.

부도덕. 그녀는 임신한 몸과 후회하는 마음으로 교회에 왔다. "아이를 기를 능력이 안 돼요." 그녀가 호소했다. 교회에서는 아이를 입양할 가정을 알아봐 주겠다고 했고, 그녀도 동의했다. 그러나 며칠 뒤 그녀는 마음이 바뀌었다. 남자친구가 임신중절 수술비를 주기로 한 것이다. 그녀가 물었다. "하나님께서 저를 용서해 주실까요?"

지난날의 실수와 과오보다 더 떨쳐 내기 힘든 것도 없다. 잘못을 저지른 그때로 돌아갈 수만 있다면 당신은 그때와 다르게 행동할 것이다. 다른 사람이 될 것이다. 보다 인내심을 발휘할 것이다. 혀를 제어할 것이다. 시작한 일을 마무리 지을 것이다. 한쪽 뺨을 맞으면 상대방의 뺨을 때리는 대신 다른 쪽 뺨을 내밀 것이다. 결혼부터 할 것이다. 절대 결혼하지 않을 것이다. 솔직해질 것이다. 유혹에 저항할 것이다. 다른 부류의 사람들과 어울릴 것이다.

하지만 그럴 수가 없다. 당신이 수없이 되뇌었듯 '지난 일은 지난 일'이고, 지난 일을 되돌릴 수는 없다.

바울이 "죄의 삯은 사망"(롬 6:23)이라고 말했을 때 그 말이 의미하는 바가 이것이다.

바울은 "죄의 삯은 울적함"이라고 말하지 않았다. "죄의 삯은 힘든 하루"라고 말하지 않았다. "죄의 삯은 영적 침체"라고 말하지 않았다. 바울의 말을 다시 읽어 보자. 그는 "죄의 삯은 사망"이라고 말했다. 그만큼 죄는 치명적이다.

그렇다면 이미 저지른 죄를 어떻게 해결해야 할까?

심리치료사는 죄를 털어놓으라고 한다. 그래서 많은 사람이 그렇게 한다. 당신은 가방을 질질 끌고 심리치료사 사무실을 찾아가서 사무실 바닥에 돌멩이를 쏟아붓고 그 하나하나를 분석한다.

조금은 도움이 된다. 심리치료사는 친절하고, 말을 하고 나니 기분이 한결 나아진다. 그러나 상담이 끝나면 당신은 다시 가방을 끌고 가야 한다.

친구들은 당신에게 우울해하지 말라고 한다. 그들은 "사람은 누구나 힘들 때가 있기 마련이야."라고 말한다. 그러면 당신은 "그리 위로가 되는 말은 아니네."라고 대답한다.

낙천주의자들은 모든 걸 잊어버리고 즐겁게 살라고 말한다. 효과가 있는 말 같다. 뿌옇게 김이 서린 거울을 닦아 내고 당신의 얼굴을 정직하게 바라볼 때까지는 말이다.

하지만 거울을 들여다볼 때 당신은 여전히 죄가 남아 있음을 깨닫는다.

율법주의자들은 죄의 짐을 줄이라고 말한다. 돌멩이의 개수만큼 촛불을 켜고, 모든 돌멩이에 대해 기도하라고 말한다. 합리적인 말 같지만, 나에게 시간이 없다면 어찌할 것인가? 혹은 내가 돌멩이의 개수를 잘못 셌다면? 결국 당신은 패닉에 빠진다.

당신은 이와 같은 죄의 짐을 어떻게 해결하는가?

큰딸 제나가 네 살이 안 되었을 때 나에게 와서 고백했다.

"아빠, 크레용으로 벽에 그림을 그렸어요."(어린아이들의 솔직함은 정말 놀랍다).

나는 제나를 무릎에 앉히고 어떻게 대답하는 게 현명할지 생각한 뒤 물었다.

"그게 잘한 일일까?"

"아니요."

"네가 벽에 그림을 그리면 아빠가 어떻게 하지?"

"맴매해요."

"이번에는 어떻게 할 것 같아?"

"사랑해 줘요."

우리 모두가 그것을 원하지 않는가?

비록 벽 전체가 우리의 실수로 도배되어 있어도 우리를 사랑해 줄 아버지를 원하지 않는가?

우리의 잘못에도 불구하고 아버지께서 우리를 사랑해 주시기를 원하지 않는가?

우리에게는 그런 아버지가 계시다. 우리가 최악일 때에도 최선을 다하는 아버지가 계시다. 우리가 가장 연약할 때 가장 큰 은혜를 부어 주시는 아버지가 계시다.

당신의 가방이 크고 무겁다면 더욱 놀라운 소식을 듣게 될 것이다. 그것은 바로 당신의 잘못이 치명적이지 않다는 소식이다!

STUDY GUIDE

마음의 닻

잘못을 저지른 그때로 돌아갈 수만 있다면 당신은 그때와 다르게 행동할 것이다. 다른 사람이 될 것이다. 보다 인내심을 발휘할 것이다. 혀를 제어할 것이다. 시작한 일을 마무리 지을 것이다. 한쪽 뺨을 맞으면 상대방의 뺨을 때리는 대신 다른 쪽 뺨을 내밀 것이다. 결혼부터 할 것이다. 절대 결혼하지 않을 것이다. 솔직해질 것이다. 유혹에 저항할 것이다. 다른 부류의 사람들과 어울릴 것이다.

하지만 그럴 수가 없다. 당신이 수없이 되뇌었듯 '지난 일은 지난 일'이고, 지난 일을 되돌릴 수는 없다.

1. 과거의 중요한 결정이나 행동 중 되돌리고 싶은 것이 있는가?

2. 지난날의 잘못을 이야기하는 것에는 어떤 위험이 있는가? 그리고 어떤 유익이 있는가?

우리 모두가 그것을 원하지 않는가? 비록 벽 전체가 우리의 실수로 도배되어 있어도 우리를 사랑해 줄 아버지를 원하지 않는가? 우리의 잘못에도 불구하고 아버지께서 우리를 사랑해 주시기를 원하지 않는가?

이 질문에 당신은 어떻게 대답하겠는가? 왜 그렇게 대답할 것 같은가?

우리에게는 그런 아버지가 계시다. 우리가 최악일 때에도 최선을 다하는 아버지가 계시다. 우리가 가장 연약할 때 가장 큰 은혜를 부어 주시는 아버지가 계시다.

1. 이러한 생각이 어떤 위로를 주는가? 이 진술이 당신에게 의미하는 바는 무엇인가?

2. 이 글에 담긴 진리를 경험한 사례가 있으면 나누어 보라.

영혼의 닻

사도행전 13장 13절과 15장 36-41절을 디모데후서 4장 11절과 비교해 보라.

1. 요한 마가가 잘못한 일은 무엇인가? 바울은 그것을 얼마나 심각한 잘못으로 생각했는가?

2. 이러한 잘못의 직접적인 결과로 사도행전 15장 36-41절에서 어떤 일이 일어났는가?

3. 본문은 이 논쟁에 대해 요한 마가가 어떻게 느꼈는지 언급하지 않는다. 당신이 요한 마가라면 어땠을 것 같은가?

4. 디모데후서 4장 11절은 요한 마가의 잘못이 어떻게 치명적이지 않음을 보여 주는가? 시간이 지나면서 무엇이 달라졌는가?

5. 요한 마가의 경험에서 배울 수 있는 교훈은 무엇인가?

인생의 닻

1. 하나님께서 당신의 실수를 용납하신다는 것을 믿기 어렵다면 다음의 두 가지를 생각하라.
   ① 당신이 이 장에 담긴 진리를 이해할 수 있도록 하나님의 도우심을 구하며 천천히 다시 읽으라.
   ② 사도행전 13장 13절과 15장 36-41절에 나오는 요한 마가의 이야기를 다시 읽고 요한 마가에게서 배운 교훈과, 그 교훈을 실생활에 적용할 방법을 적어 보라.

2. 당신이 하나님의 은혜를 경험하는 데 문제가 있다면, 당신이 죄에서 자유하다는 느낌을 받기까지 시간이 조금 걸릴 것이다. 다음 질문을 생각해 보고 답을 적으라. 그리고 한 주 동안 당신이 자신의 실수를 삶의 정상적인 부분으로 받아들이지 못하게 하는 것들이 무엇인지 살펴보라.
   ① 무언가를 잘못해서 벌을 받은 기억이 있는가?
   ② 당신의 삶에서 중요한 사람들이 잘못에 대한 당신의 견해에 어떤 영향을 미치는가?
   ③ 당신이 잘못했는데 그 결과가 당신의 삶에 오히려 좋게 작용한 적이 있는가?

3. 1번과 2번 질문에 대한 당신의 대답을 살펴본 후, 하나님께서 당신의 마음을 새롭게 하셔서 그분이 당신을 보시는 것처럼 당신도 스스로를 볼 수 있게 해 달라고 기도하라.

9.

크리스투 헤뎅토르

높이 30미터, 브라질 강화 타일을 덧씌운 콘크리트의 무게 1,320톤. 이것은 해발 700미터인 산 정상에서 브라질 리우데자네이루(Rio de Janeiro) 시를 굽어보고 있는, 유명한 '크리스투 헤뎅토르'(Cristo Redentor, 구세주 그리스도) 조각상이다.

리우에 오는 관광객치고 이 거대한 기념물을 보기 위해 코르코바도산(Corcovado Mountain) 정상까지 구불구불하게 이어진 길을 오르지 않은 사람이 없을 것이다. 이 조각상은 머리 길이만 3미터에 달하고, 양팔을 벌린 길이는 19미터다.

리우에 살면서 그 조각상을 수십 번도 더 보았지만, 처음 보았을 때만큼 인상적인 순간은 없었다. 당시 나는 브라질에서 여름을 보내는 대학생이었다. 멕시코 접경지역에 몇 번 가 본 것을 제외하고는 그때가 미국을 벗어난 첫 여행이었다. 나는 이 거대한 조각상을 〈내셔널 지오그래픽〉(National Geographic)을 통해서만 알고 있었다. 그런데 실제로 보니 어떤 잡지도 이 조각상의 위용을 제대로 담아 낼 수 없을 거라는 생각이 들었다.

발아래로 리우가 한눈에 들어왔다. 맑고 푸른 대서양과 만나는 녹음이 우거진 산지에 700만 명의 사람들이 복닥거리며 살고 있었다. 내 뒤로는 '크리스투 헤뎅토르 상'이 있었다. 망원 렌즈로 이 조각상을 보았을 때 나는 두 가지 아이러니에 주목하게 되었다.

우선 조각상에 눈이 보이지 않았다. 혹 조각상은 원래 그런 것이라고 생각할지 모르겠다. 물론 대부분의 조각상은 눈이 보이지 않는다. 하지만 이 조각상을 만든 이는 의도적으로 그렇게 한 듯하다. 이 조각상의 눈에는 빛을 볼 수 있는 동공이 없었다. 즉 눈동자를 나타내는 원이 아예 보이지 않았다.

나는 잠시 카메라를 내려놓고 생각했다. '눈이 보이지 않는 구세주라니, 대체 어떤 의미인 걸까? 저 멀리 수평선에 눈을 고정한 채 발아래 밀집해 있는 사람들을 보지 않으려는 구세주란 말인가?'

다시 카메라를 들어 올렸을 때 나는 두 번째 아이러니를 보았다. 오뚝한 콧날을 지나 툭 튀어나온 턱을 본 뒤, 다시 목으로 카메라의 초점을 옮기다가 조각상이 걸치고 있는 옷에 시선이 머물렀다. 옷에 하트 모양이 새겨져 있었기 때문이다.

돌로 된 하트, 돌로 된 심장….

그 의도치 않은 상징에 다리가 비틀거렸다. '돌로 된 심장을 지닌 구세주, 사랑과 열정이 아닌 콘크리트와 모르타르(mortar, 석회나 시멘트에 모래를 섞은 것)로 뭉친 구세주라니, 대체 어떤 구세주인 걸까? 보이지 않는 눈과 돌로 된 심장을 지닌 구세주….'

나중에 나는 이 질문에 대한 답을 알게 되었다. 그것은 대부분의 사람들이 생각하는 바로 그 구세주였다.

많은 사람이 그들의 구세주가 보이지 않는 눈과 돌로 된 심장을 가지고 있음을 인정하려 들지 않을 것이다.

하지만 자세히 보라. 어떤 사람들에게는 예수님이 행운을 가져다 주는 참(charm. 목걸이나 팔찌에 다는 장식-역주)이다. 쉽게 말해 '토끼 발 구세주'인 것이다(토끼 발은 행운을 가져다준다고 알려져 있다-역주). 그는 자그마해서 휴대하기 편하고, 포장이 용이하다. 이해하기 쉽고, 도식화하기도 쉽다. 그의 사진을 벽에 걸어 둘 수도 있고, 부적처럼 지갑에 넣어 가지고 다닐 수도 있다. 자동차 룸미러에 매달거나 대시보드에 붙여 둘 수도 있다.

그의 특장점 중 하나는 교통체증에서 벗어나게 해 주는 것이다. 주차 공간이 필요할 때도 구세주를 문지르면 된다. 시험을 앞두고 도움이 필요할 때도 토끼 발을 꺼내라. 그와 관계를 맺을 필요도 없고, 그를 사랑할 필요도 없다. 그냥 네 잎 클로버와 함께 주머니에 넣어 두기만 하면 된다.

많은 사람이 예수님을 '알라딘의 램프 구세주'로 생각한다.

일자리가 필요한가?

부티 나는 외제차를 몰고 싶은가?

배우자가 변화되기를 바라는가?

무엇이든 말만 하면 그가 다 알아서 해결해 줄 것이다. 게다가 편리하게도 그는 당신이 원치 않을 때면 다시 램프 속으로 들어간다.

또 다른 사람들에게 예수님은 '몬티 홀(Monty Hall, 미국의 TV 프로그램 'Let's Make a Deal'의 진행자-역주) 구세주'이다. "좋아요, 예수님, 거래합시다. 매주 일요일에 정장을 차려 입고 아무리 지루한 설교라도 참고 듣겠습니다. 대신 제게 3번 진주 문 뒤에 있는 은혜를 주십시오."

토끼 발 구세주, 알라딘의 램프 구세주, 몬티 홀 구세주. 부담은 적고 도전도 없다. 희생할 필요도 없고 헌신할 필요도 없다.

눈이 보이지 않고 심장이 없는 구세주, 권능이 없는 구세주. 이는 신약성경의 구세주가 아니다.

그렇다면 내가 리우에서 본, 눈이 보이지 않는 구세주와 예루살렘의 어느 이른 아침에 두려움에 휩싸인 한 여인 곁에 서 계신 자비로운 구세주를 비교해 보자(요 8:1-11 참조).

동틀 무렵이다. 이른 아침의 태양이 예루살렘 거리를 황금빛으로 물들인다. 풀잎에는 다이아몬드 같은 이슬방울이 맺혀 있다. 잠에서 깨어난 고양이가 기지개를 켠다. 일상의 소음이 들리기 시작한다.

수탉이 아침 공연을 펼친다. 개가 새로운 하루를 반기며 짖어 댄다. 도붓장수가 등짐을 지고 지나간다. 그리고 어느 젊은 목수가 뜰에서 설교를 한다.

예수님은 청중에 빙 둘러싸여 있다. 몇몇 사람은 고개를 끄덕이며 마음을 열고 듣는다. 그들은 예수님을 스승으로 받아들였고, 이제 그분을 주님으로 받아들이는 법을 배우는 중이다.

다른 사람들도 호기심에 귀를 기울인다. 그들은 믿고 싶지만, 믿음의 경계를 너무도 확장시키는 그분의 말씀을 받아들이는 것이 조심스럽다. 신중을 기하는 사람이든 확실히 믿는 사람이든, 모두가 예수님의 말씀을 주의 깊게 듣는다. 그들은 아침 일찍 일어났다. 예수님의 말씀에는 잠보다 더 위로가 되는 무언가가 있기 때문이다.

그날 아침의 설교 주제가 무엇이었는지는 모른다. 기도일 수도 있다. 아니면 친절이나 염려일 수도 있다. 어떤 주제였든 그 설교는 곧 무리를 지은 어떤 사람들에 의해 중단될 것이다.

이윽고 좁은 골목길에서 사람들이 쏟아져 나와 예수님께로 향한다. 청중이 길을 비켜 준다. 그들은 종교지도자들과 그 시대의 장로들과 집사들이다. 모두 존경받는 사람들이고 중요한 사람들이다. 이 분노한 사람들의 물결 속에 옷도 제대로 걸치지 못한 채 비칠거리는 한 여인이 있다.

불과 몇 분 전까지만 해도 이 여인은 남편이 아닌 남자와 한 침대에 있었다.

그것이 그녀의 생계 수단이었을까? 그럴 수도 있고 아닐 수도 있다. 어쩌면 그녀는 남편에게 버림받고 외로웠을지 모른다. 낯선 남자의 손길이 따뜻하게 느껴졌고, 그래서 자기도 모르는 사이에 일을 저지른 것인지도 모른다. 알 수 없는 일이다.

하지만 사람들이 문을 벌컥 열어젖히고 그녀를 침대에서 끌어내렸다는 것만은 알 수 있다. 그녀는 옷을 걸칠 새도 없이 아버지뻘 되는 두 남자에게 끌려 나왔다. 넘어지지 않으려고 애쓰는 동안 그녀의 마음속에서 무슨 생각이 오갔을까?

호기심 많은 사람들이 창밖으로 고개를 내민다. 이른 아침의 소란에 아직 잠이 덜 깬 개들이 컹컹 짖는다.

이윽고 여인을 끌고 온 사람들의 무리가 보무도 당당하게 예수님께 나아온다. 그러고는 여인을 예수님 쪽으로 밀친다. 여인이 넘어질 뻔했다.

"이 여자가 남편이 아닌 남자와 한 침대에 있는 것을 보았소!" 지도자가 외친다. "율법에 의하면 돌로 쳐야 하오. 선생은 어떻게 생각하시오?"

어깨에 잔뜩 힘이 들어간 그들의 얼굴에 능글맞은 미소가 떠오른다. 여인은 자비로운 눈빛을 찾아 사람들의 얼굴을 살핀다. 그러나 자비로운 눈빛은 보이지 않고 비난과 질책의 눈빛만 보인다. 노려보는 눈과 꼭 다문 입술, 악문 치아, 보지도 않고 선고를 내리는 매서운 눈빛, 느끼지 않고 정죄하는 돌처럼 굳은 마음.

여인은 고개를 숙여 그들 손에 들린 돌멩이를 본다. 그녀의 정욕을 없애줄 의(義)의 돌멩이들이다. 얼마나 꽉 쥐었는지 사람들의 손톱이 하얗다. 그들은 돌멩이가 그들이 미워하는 이 설교자의 목이라도 되는 것처럼 꽉 쥐고 있다.

절망에 빠진 여인은 예수님을 바라본다. 예수님은 노려보시지 않는다. 그분의 눈빛이 걱정하지 말라고, 괜찮다고 속삭이는 듯하다. 그날 아침 처음으로 그녀는 친절을 본다.

예수님께서는 그녀를 어떻게 보셨을까?

장성한 딸이 결혼식장에 들어가는 것을 지켜보는 아버지의 눈으로 그녀를 보셨을까?

아버지는 마음속으로 딸의 성장과정을 되돌아본다. 기저귀를 찬 갓난아기가 인형을 가지고 노는 어린 소녀가 되고, 학교에 다니고, 남자친구를 사귀고, 데이트를 즐기고, 결혼식의 신부가 되기까지의 모든 과정을 생각한다. 딸을 바라보는 아버지는 이 모든 것을 본다.

예수님께서 이 딸을 바라보실 때 마음속으로 그녀의 성장과정을 되돌아보셨을까?

천국에서 그녀를 빚으시던 때를 회상하셨을까?

그분이 지으신 모습 그대로의 그녀를 보셨을까?

시편 기자는 하나님께서 인간을 만드시는 모습을 묘사하면서 "직조하셨다"(knit me together, NIV)라는 표현을 사용하였다(개역개정 성경에는 "나를 만드셨나이다"로 되어 있다-역주).

우리는 대량생산된 게 아니라 직조되었다. 성품 한 가닥 한 가닥이 부드럽게 교직되었고, 기질 한 올 한 올이 신중하게 선택되었다. 창조주 하나님은 사려 깊으시고, 열정적이시고, 독창적이시다.

하나님은 완벽한 색을 찾아 붓으로 팔레트의 물감들을 섞는 화가이시고
가장 적합한 화음을 찾아 건반을 두드리는 작곡가이시며
펜을 들고 정확한 단어가 떠오르기를 기다리는 시인이시다.
영혼을 직조하는 장인이시고 창조주이시다.

하나님의 예술작품은 모두 다르다. 어느 누구도 똑같지 않고, 저마다의 개성을 가지고 있다.
지상에서 예수님은 자신이 그린 그림들로 가득한 화랑 속의 화가였다. 자신의 음악을 해석하는 오케스트라의 연주에 귀를 기울이는 작곡가였다. 자신의 시가 낭송되는 것을 듣는 시인이었다.
그러나 그분의 예술작품들은 훼손되었다. 창조되고 훼손되고 다시 창조되었다.
예수님은 사람들을 영광스럽게 만드셨지만, 사람들은 범속한 인간이 되어 버렸다.
예수님은 사람들을 사랑으로 빚으셨지만, 사람들은 미움과 증오로 서로에게 상처를 주었다.

하나님께서 주신 지성으로 사탄이 준 탐욕을 채우는 사업가를 보았을 때,

서로를 격려하라고 주신 혀가 비수가 되어 상대방을 찌르는 것을 보았을 때,

마주 잡으라고 주신 손이 무기가 되어 상대방을 다치게 하는 것을 보았을 때,

기쁨을 흩뿌려 놓으신 눈이 증오로 불타는 것을 보았을 때….

더럽혀지고 버려지기까지 한 마음들을 보았을 때 예수님은 피로하셨을까?

이 여인에게서 예수님은 그런 마음을 보신다. 여인은 맨발에 흙투성이다. 팔로 가슴을 가리고 두손을 절망적으로 쥐어짠다. 그런 그녀의 마음은 그녀 자신의 죄와 사람들의 분노로 누덕누덕하다.

그래서 예수님은 오직 아버지에게서만 볼 수 있는 온유함으로 맺힌 곳을 풀고 구멍 난 곳을 메우신다.

먼저 무리의 주의를 다른 데로 돌리는 것으로 시작하신다. 땅에 뭔가를 쓰신다. 모두가 그 모습을 바라본다. 사람들의 시선이 다른 곳을 향하자 여인은 안도한다.

그러나 사람들은 집요하다. "말해 보시오, 선생! 우리가 이 여인을 어떻게 하는 것이 좋겠소?"

예수님은 왜 상대 남자는 데려오지 않았느냐고 물으실 수 있었다.

율법에 의하면 남자도 함께 처벌받아야 했다. 또한 예수님은 왜 수세기 동안 서고에 처박혀 있던 율법서를 이제 와서 꺼내 드느냐고 물으실 수도 있었다.

하지만 그분은 그러시지 않는다. 다만 고개를 들고 이렇게 말씀하신다. "여러분 중에 단 한 번도 실수한 적이 없는 사람이 있다면 그 사람만이 이 여인에게 돌을 던질 수 있을 것이오." 그러고는 다시 땅에 뭔가를 쓰신다.

누군가가 무슨 말을 할 것처럼 헛기침을 하지만, 아무도 말을 하지 않는다. 사람들의 발이 질질 끌리고, 눈이 아래로 향한다. 쿵… 쿵… 쿵… 돌멩이가 땅에 떨어진다.

조금씩 사람들이 물러간다. 머리카락이 희끗한 사람부터 가장 검은 사람까지 모두 그곳을 떠난다. 그들은 한꺼번에 몰려왔지만, 이제 하나둘씩 그곳을 떠난다.

잠시 후 예수님께서 여인에게 고개를 들라고 말씀하신다. 그리고 미소 띤 얼굴로 물으신다.

"여기 당신을 징죄할 사람이 있나요?"

여인이 고개를 들어 보니 아무도 없고 돌멩이들만 남아 있다. 그 하나하나가 오만이 묻힌 무덤을 나타내는 자그마한 묘비인 돌멩이들이다.

"여기 당신을 정죄할 사람이 있나요?"라는 예수님의 질문에 여인은 '정죄할 수 있는 분이 한 분 계시지요.'라고 생각한다. 그녀의 시

선이 예수님을 향한다. '이분은 무엇을 원하시는 걸까? 무얼 하시려는 걸까?'

어쩌면 예수님께서 꾸짖으실 것이라고 예상했을 수 있다. 그녀를 떠나실 것이라고 예상했을 수도 있다.

둘 다 확실하지 않다. 다만 그녀가 전혀 예상치 못한 것을 받았으리라는 것만은 알 수 있다. 그녀는 약속과 권고를 받았다. 바로 "나도 당신을 정죄하지 않습니다."라는 약속과 "가서 더 이상 죄를 짓지 마십시오."라는 권고다.

여인은 뒤돌아서서 사람들 속으로 사라져 갔다. 그 후 그녀를 보았거나 그녀의 소식을 들은 사람은 아무도 없다.

그러나 한 가지는 확신할 수 있다. 바로 그날 아침 예루살렘에서 그녀는 예수님을 보았고, 예수님은 그녀를 보았다는 것이다. 만약 우리가 그녀를 리우데자네이루의 구세주 그리스도 상 아래에 데려다 놓을 수 있다면 그녀는 이렇게 말할 것이다. "저건 내가 본 예수님이 아니에요."

그녀의 말이 맞다. 그녀가 본 예수님은 딱딱하게 굳은 심장을 가지고 있지 않았다. 그녀가 본 예수님은 보이지 않는 눈을 가지고 있지 않았다.

그녀를 갈보리 십자가 아래에 데려다 놓는다면 아마도 이렇게 말할 것이다. "저분이 그분이에요. 저분이 예수님이에요."

그녀는 분명 예수님의 손을 알아볼 것이다. 그날 돌멩이를 쥐고 있지 않았던 유일한 손, 그리고 지금도 돌멩이를 쥐고 있지 않은 그 손을 말이다.

또한 그녀는 예수님의 목소리를 분간할 것이다. 그때보다 좀 더 쉬어 있고 좀 더 약하지만 여전히 용서를 말씀하시는 그분의 목소리, "아버지, 저들을 용서하옵소서."라고 말씀하시는 그분의 목소리를 반드시 기억할 것이다.

그리고 그녀는 예수님의 눈을 알아볼 것이다. 어떻게 그 눈을 잊을 수 있겠는가? 눈물 고인 그 투명한 눈, 그녀를 당시의 모습이 아니라 하나님의 창조 계획 안에서 원래 의도되었던 모습으로 보시던 그 눈을.

STUDY GUIDE

마음의 닻

'돌로 된 심장을 지닌 구세주, 사랑과 열정이 아닌 콘크리트와 모르타르(mortar, 석회나 시멘트에 모래를 섞은 것)로 뭉친 구세주라니, 대체 어떤 구세주인 걸까? 보이지 않는 눈과 돌로 된 심장을 지닌 구세주….'
나중에 나는 이 질문에 대한 답을 알게 되었다. 그것은 대부분의 사람들이 생각하는 바로 그 구세주였다.

1. 당신은 이 말에 동의하는가? 이 질문에 대한 당신의 대답과 생각을 이야기해 보라.

2. 당신의 이웃이 믿는 구세주는 어떤 구세주인가? 당신과 가장 친한 동료의 구세주는 어떤 구세주이고, 당신의 구세주는 어떤 구세주인가?

절망에 빠진 여인은 예수님을 바라본다. 예수님은 노려보시지 않는다. 그분의 눈빛이 걱정하지 말라고, 괜찮다고 속삭이는 듯하다. 그날 아침 처음으로 그녀는 친절을 본다.

1. 당신이 이 여인이라고 상상해 보라. 예수님의 눈에서 무엇을 보았을 것 같은가? 그리고 당신의 마음속에는 어떤 생각이 들었을 것 같은가?

2. 이 말은 예수님께서 죄를 묵인하신다는 뜻인가? 이 말이 의미하는 바는 무엇인가?

지상에서 예수님은 자신이 그린 그림들로 가득한 화랑 속의 화가였다. 자신의 음악을 해석하는 오케스트라의 연주에 귀를 기울이는 작곡가였다. 자신의 시가 낭송되는 것을 듣는 시인이었다.

그러나 그분의 예술작품들은 훼손되었다. 창조되고 훼손되고 다시 창조되었다. 예수님은 사람들을 영광스럽게 만드셨지만, 사람들은 범속한 인간이 되어 버렸다. 예수님은 사람들을 사랑으로 빚으셨지만, 사람들은 미움과 증오로 서로에게 상처를 주었다.

1. 여기서 말하는 "화가"와 "작곡가," "시인"의 이미지는 예수님의 성품이나 사역의 어떤 측면을 설명하는가?

2. 이 글의 요지를 잘 나타내 주는 몇 가지 예를 들어 보라.

"여기 당신을 정죄할 사람이 있나요?"라는 예수님의 질문에 여인은 '정죄할 수 있는 분이 한 분 계시지요.'라고 생각한다. 그녀의 시선이 예수님을 향한다. '이분은 무엇을 원하시는 걸까? 무얼 하시려는 걸까?'

1. 여인은 왜 정죄할 수 있는 분이 한 분 계시다고 생각하는가?

2. 예수님께서 당신에게 무엇을 원하신다고 생각하는가?

그녀는 예수님의 눈을 알아볼 것이다. 어떻게 그 눈을 잊을 수 있겠는가? 눈물 고인 그 투명한 눈. 그녀를 당시의 모습이 아니라 하나님의 창조 계획 안에서 원래 의도되었던 모습으로 보시던 그 눈을.

1. 예수님은 이 여인을 어떤 의도로 창조하셨는가? 그리고 당신이 어떤 사람이 되기를 바라시는가?

2. 이 글이 당신에게 희망을 주는가? 그 이유는 무엇인가?

영혼의 닻

누가복음 7장 36-50절을 읽으라.

1. 이 이야기 속의 여인과 요한복음 8장에 나오는 여인의 공통점은 무엇인가?

2. 여인을 바라보는 바리새인의 눈에서 무엇이 느껴지는가?(39절)

3. 예수님께서 이 여인을 다루시는 것과 요한복음 8장에 나오는 여인을 대하시는 것을 비교해 보라.
비슷한 점은 무엇이고 다른 점은 무엇인가?

4. 41-43절에서 예수님께서 말씀하시고자 하는 바는 무엇인가? 당신은 이 이야기에 나오는 인물 중 누구에게 가장 공감이 되는가? 그 이유는 무엇인가?

5. 당신이라면 49절의 질문에 어떻게 대답하겠는가?

6. 예수님께서 당신에게도 50절 말씀을 하실 거라고 생각하는가? 그렇게 생각하는 이유는 무엇인가?

인생의 닻

1. 친한 친구에게 당신의 행동에 비춰 볼 때 당신의 구세주는 어떤 구세주일 것 같은지 솔직히 말해 달라고 청하라. 그가 왜 그렇게 생각하는지 듣고, 고칠 점이 있으면 고치라.

2. 누가복음 7장 41-43절을 다시 읽고 당신이 용서받은 것들을 적으라. 하나님의 용서를 경험한 것만 적으라.

3. 하나님께 많이 용서받았다는 생각이 들지 않는다면 당신이 죄에 대해 민감해질 수 있게 해 달라고 기도하라. 당신의 죄가 너무 커서 거룩하신 하나님이 용서해 주시지 않을 것 같다면 당신이 요한복음 8장에 나오는 여인이라고 생각하고 이 장을 다시 읽으라.

10.

황금잔

언덕 위에서 화염이 솟구친다. 연기가 치솟는다. 주홍빛 불의 혀가 갈라져 나온다. 불길 속에서 고함소리가 들려온다. 감옥 문이 닫힐 때 죄수가 내는 항의의 외침이다. 불타는 정글의 열기를 느끼는 사자의 포효다. 아버지를 찾는 잃어버린 아들의 부르짖음이다.

"나의 하나님, 나의 하나님, 어찌하여 나를 버리셨나이까!"

이 말이 별들을 지나 왕의 보좌에 닿는다. 피비린내 나는 전쟁터에서 달려온 전령들이 왕 앞에 부복한다. 상하고 멍든 그들이 도움을 요청한다.

왕의 군대가 공격 준비를 한다. 병사들이 말에 올라 방패로 몸을 가리고 칼을 빼 든다.

그러나 왕은 말이 없다.

지금은 왕이 계획한 시간이다. 왕은 일이 어떻게 되어 갈지 안다. 처음부터, 왕국에 최초의 독이 흘러들어 왔을 때부터 이 말을 기다려 왔다.

독은 위장된 채 반입되었다. 그것은 다리가 긴 황금잔에 들어 있었고, 과일향이 났다. 그것은 왕이 아니라 왕자, 곧 그림자의 왕자의 손에 들려 있었다.

그때까지 동산에서는 숨을 이유가 없었다. 왕은 자녀들과 함께 동산을 거닐었고, 자녀들은 왕을 경외했다. 그들 사이에는 비밀이 없었다. 그림자도 없었다.

그런데 그림자의 왕자가 동산에 들어왔다. 그는 정체를 감춰야 했다. 그는 너무도 추하고 불쾌한 존재였기 때문이다.

그는 어둠을 틈타 슬며시 들어왔다. 야음을 틈타 잠입했다. 모습은 보이지 않고 목소리만 들렸다.

"마셔 보렴."

그가 왕의 딸에게 황금잔을 내밀며 속삭였다.

"사람을 지혜롭게 해 주는 감로수란다."

딸이 그 소리를 듣고 돌아보았다.

갑자기 호기심이 동했다.

그녀는 한 번도 그림자를 본 적이 없었다. 보이지 않는 존재에게는 궁금증을 유발하는 무언가가 있는 법이다.

왕은 그들을 지켜보고 있었다. 왕의 병사들은 그림자의 왕자가 자신들의 상대가 되지 못한다는 것을 알았다. 그래서 공격 명령이 떨어지기만을 기다렸다.

그러나 명령은 주어지지 않았다.

"선택은 그녀의 몫이다." 왕이 말했다.

"그녀가 도움을 청하거든 가서 그녀를 구하라. 그러나 도움을 청하지 않거든 그대로 두어라. 선택은 그녀의 몫이다."

딸은 잔을 바라보았다.

루비가 박혀 있는, 그 섬세하게 세공된 황금잔을 만져 보고 싶었다. 그 안에 든 감로수도 맛보고 싶었다.

결국 그녀는 손을 뻗어 잔을 받아 들고 그 안에 든 독을 마셨다. 그리고 하늘을 올려다보지 않았다.

독이 온몸에 퍼지면서 시야가 흐릿해지고, 피부에 반점이 생기고, 가슴이 뒤틀렸다. 그러다 그림자의 왕자를 향해 쓰러졌다.

문득 딸은 외로움을 느꼈다. 예전에 느꼈던 왕과의 친밀감이 그리웠다.

그러나 왕에게 돌아가는 대신 그녀는 다른 사람을 왕에게서 유인하기로 했다.

딸은 다시 잔을 채워서 아들에게 주었다. 다시 한 번 왕의 군대는 대오를 갖췄다. 그들은 다시 한 번 왕의 명령을 기다렸다. 그러나 왕의 명령은 동일했다.

"그가 도움을 청하면 가고, 도움을 청하지 않거든 가지 마라. 선택은 그의 몫이다."

딸은 아들의 손에 잔을 쥐여 주며 말했다.

"괜찮아요. 맛이 아주 좋답니다."

아들은 그녀의 눈이 기쁨으로 춤추는 것을 보았다. 그녀의 뒤로 알 수 없는 인물의 실루엣이 보였다.

"저 사람은 누구인가요?" 아들이 물었다.

"어서 마셔요." 딸이 고집스럽게 말했다. 그녀의 목소리는 욕망으로 탁해져 있었다.

아들의 입술에 닿은 잔은 차가웠다. 잔에 든 액체는 그의 순수를 태워 없앴다.

"더 없나요?"

아들은 손가락으로 바닥에 남은 찌꺼기를 긁어모아 입에 넣으며 말했다.

병사들은 명령이 떨어지기를 기다리며 왕을 바라보았다. 왕의 눈가에 이슬이 맺혔다.

"검을 가져오너라!"

장군이 말에서 내려 성큼성큼 왕의 보좌를 향해 나아갔다. 그리고 검을 왕께 내밀었다.

왕은 검을 받아 들지 않고 만지기만 했다. 왕의 손가락이 검의 끄트머리에 닿자 칼날이 주홍빛으로 변했다. 칼날은 점점 더 밝은 주홍빛을 띠며 환하게 불타올랐다.

장군은 불의 검을 들고 왕의 명령을 기다렸다. 마침내 왕이 칙령을 내렸다.

"그들의 선택은 존중될 것이다. 독이 있는 곳에 사망이 있을 것이고, 잔이 있는 곳에 불이 있을 것이다. 그대로 이루어지게 하라."

장군은 동산으로 달려가 동산 입구를 지켰다. 불의 검은 다시는 빛의 왕국이 그림자로 인해 어두워지는 일이 없을 것이라고 선언했다. 왕은 그림자를 싫어했다. 그림자 속에서는 그의 자녀들이 왕을 볼 수 없었기 때문이다. 왕은 잔도 싫어했다. 잔은 자녀들로 하여금 아버지를 잊게 만들었기 때문이다.

그러나 동산 바깥에서는 그림자의 원이 점점 더 커져 갔고, 땅에 버려진 빈 잔이 점점 더 늘어 갔다. 점점 더 많은 얼굴이 훼손되었고, 점점 더 많은 눈이 흐릿해졌고, 점점 더 많은 영혼이 뒤틀렸다. 순수가 사라졌고, 왕의 모습도 잊혔다. 한때 그림자 없는 왕국이 있었다는 것을 기억하는 사람은 아무도 없었다.

사람들의 손에는 이기심의 잔이 들려 있었다. 그들의 입에서 거짓말이 새어 나왔다.

"마셔요. 맛이 아주 좋답니다."

그리고 왕의 말처럼 독이 있는 곳에 사망이 있었다. 잔이 있는 곳에 불이 있었다. 그 상태는 왕이 왕자를 보낼 때까지 계속되었다.

검을 타오르게 한 불은 이제 촛불이 되어 그림자들 가운데 놓였다. 왕자의 도착은 잔을 든 자의 도착처럼 비밀에 부쳐지지 않았다. 별이 왕자의 도착을 알렸다. 그는 밤하늘에 찬연히 빛나는 별이었다. 흙 속에서 반짝이는 다이아몬드였다.

"밝게 타올라라, 내 아들아." 왕이 속삭였다.

빛의 왕자는 여러 차례 잔을 마주했다. 왕을 저버린 자들이 계속해서 그에게 잔을 내밀었다.

"한번 맛을 보시게, 친구!"

고통 속에서 아들은 그를 유혹하는 사람들의 눈을 바라보았다. 갇힌 자들을 자유롭게 해 주려고 오신 이를 죽이려 하는 이 독은 무엇인가?

잔에서는 여전히 권력과 쾌락의 달콤한 냄새가 났다. 그러나 빛의 아들에게는 그 냄새가 역하기만 했다. 잔을 보기만 해도 분노가 끓어올라, 유혹자의 손에 들린 잔을 밀쳐서 떨어뜨렸다.

"독을 마시겠소." 왕의 아들이 말했다.

"내가 이 일을 위해 이곳에 왔기 때문이오. 그러나 그 시간은 내가 정하오."

마침내 그 시간이 왔다. 아들은 마지막으로 아버지를 뵈러 갔다. 작은 동산에서 아버지를 만났다. 말라비틀어진 나무와 자갈밭이 있는 동산이었다.

"꼭 이런 방식이어야 하나요?"

"그렇단다."

"이 일을 할 다른 사람은 없나요?"

왕이 슬픔을 삼키며 대답했다.

"너밖에 없구나."

"이 잔을 꼭 마셔야 하나요?"

"아들아, 네가 그 잔을 마셔야 해."

왕은 빛의 왕자를 바라보며 말했다.

"흑암이 짙을 게다."

그리고 흠 한 점 없는 아들의 얼굴을 손으로 가리며 말했다.

"고통이 극심할 거야."

그런 다음 어둠에 싸인 그의 영토를 바라보았다. 다시 고개를 들었을 때 그의 눈에는 눈물이 맺혀 있었다.

"하지만 달리 방법이 없구나."

아들은 별을 올려다보았다.

"그렇다면 그대로 이루어지게 하십시오."

마침내 아들을 죽음에 이르게 할 말이 아버지의 입에서 천천히 흘러나왔다.

"죽음의 시간, 희생의 순간이 왔다. 너의 때가 왔어. 그동안 무수한 제단에서 무수한 양이 희생제물로 바쳐졌지만, 이제 참된 제사가 드려질 때가 왔구나. 병사들아, 너희가 그를 끌고 간다고 생각하느냐? 밧줄아, 네가 그를 묶는다고 생각하느냐? 사람들아, 너희가 그에게 선고를 내린다고 생각하느냐? 그는 너희 명령에 주의를 기울이지 않을 것이다. 너희가 휘두르는 채찍에 눈도 깜짝하지 않을 것이다. 그는 오직 내 목소리에만 복종하고, 내 정죄만 두려워할 것이다. 그리고 너희의 영혼을 구원할 것이다. 오, 나의 아들아, 내가 고개를 돌리기 전에 내 얼굴을 보아라. 내가 침묵하기 전에 내 목소리를 들어라. 너와 저들을 모두 구원할 수 있다면 얼마나 좋겠느냐! 하지만 저들은 보지 않는구나. 듣지 않는구나. 산 자가 죽어야 죽어 가는 자들이 살 수 있다. 양을 죽여야 할 때가 왔구나. 여기 잔이 있다, 아들아. 슬픔의 잔, 죄악의 잔이다. 곤봉아, 가격하라! 네 할 일을 하라. 너의 휘두르는 소리가 하늘에 울려 퍼지게 하라. 병사들아, 그를 들어 올려라. 자비의 보좌 위에 그를 높이 들어 올려라. 죽음의 횃대 위에 그를 들어 올려라. 그의 이름을 저주한 사람들 위로 그를 들어 올려라. 이제 그 나무 기둥을 땅에 박으라. 인류의 심장 깊숙이 박으라. 켜켜이 쌓인 과거의 시간 속 깊숙이 박으라. 미래의 시간 씨앗 속으로 깊숙이 박으라. 나의 이삭을 구원할 천사가 없느냐? 구원자를 구원할 손이 없느냐? 여기 잔이 있다. 아들아, 홀로 이 잔을 받아 마셔라."

하나님은 이 일을 하시면서 우셨을 게 틀림없다.

모든 거짓말과 모든 유혹, 그리고 어둠 속에서 한 모든 행동이 그 잔에 담겼다. 그리고 그것들은 서서히 하나님의 아들의 몸속으로 흡수되었다.

그것은 성육신의 마지막 단계였다.

흠이 없으신 하나님의 어린 양이 더럽혀졌다. 불꽃이 그의 발을 핥기 시작했다.

왕은 자신의 칙령에 따랐다.

"독이 있는 곳에 사망이 있을 것이다. 잔이 있는 곳에 불이 있을 것이다."

왕은 왕자에게서 돌아섰다.

죄를 미워하시는 아버지의 희석되지 않은 분노가 죄로 가득한 아들에게 떨어졌다.

불꽃이 아들을 삼켰다. 그림자가 그를 숨겼다. 아들은 아버지를 찾았지만 아버지는 보이지 않았다.

"나의 하나님, 나의 하나님, 어찌하여 나를 버리셨나이까!"

보좌가 있는 방은 어둡고 적막하다. 왕은 눈을 감고 있다.

꿈속에서 그는 다시 동산 안에 있다. 셋이 함께 산책하는 동안 강 건너에서 선선한 저녁 바람이 불어온다. 그들은 동산에 대해 이야기한다. 동산이 현재 어떤 상태이며 장차 어떻게 될 것인지에 대해.

"아버지."

아들이 입을 연다. 왕이 그 말을 되뇐다. 아버지, 아버지….

그 말은 꽃이었다. 너무도 쉽게 으스러진 여리고 섬세한 꽃잎이었다. 그는 자녀들이 다시금 그를 아버지라고 부르기를 얼마나 바랐는지 모른다.

그때 어디선가 소리가 나고, 왕은 꿈에서 깨어난다. 눈을 뜬 왕은 문간에 서 있는 초월적인 존재를 본다.

"다 끝났어요, 아버지! 드디어 집에 돌아왔어요."

STUDY GUIDE

마음의 닻

"선택은 그녀의 몫이다." 왕이 말했다. "그녀가 도움을 청하거든 가서 그녀를 구하라. 그러나 도움을 청하지 않거든 그대로 두어라. 선택은 그녀의 몫이다."

1. 도움을 청할 아버지를 가까이에 두고도 딸은 왜 그러한 선택을 하였는가?

2. 하나님은 왜 딸이 도움을 청하지 않는 한 그녀를 돕지 말라고 명령하셨는가?

"그들의 선택은 존중될 것이다. 독이 있는 곳에 사망이 있을 것이고, 잔이 있는 곳에 불이 있을 것이다. 그대로 이루어지게 하라."

여기에 나타난 영적 원리를 당신 자신의 말로 표현해 보라.

"독을 마시겠소." 왕의 아들이 말했다.
"내가 이 일을 위해 왔기 때문이오. 그러나 그 시간은 내가 정하오."

1. 왕의 아들이 독을 마시겠다고 한 것은 어떤 의미인가? 그가 독을 마시는 것은 앞에서 다른 사람들이 독을 마신 것과 어떻게 다른가?

2. 왕의 아들이 스스로 독을 마실 시간을 정하는 것이 왜 중요한가?

"여기 잔이 있다, 아들아, 홀로 이 잔을 받아 마셔라."
하나님은 이 일을 하시면서 우셨을 게 틀림없다. 모든 거짓말, 모든 유혹, 어둠 속에서 한 모든 행동이 그 잔에 담겼다. 그리고 그것들은 서서히 하나님의 아들의 몸속으로 흡수되었다. 그것은 성육신의 마지막 단계였다.
흠이 없으신 하나님의 어린 양이 더럽혀졌다. 불꽃이 그의 발을 핥기 시작했다. 왕은 자신의 칙령에 따랐다.
"독이 있는 곳에 사망이 있을 것이다. 잔이 있는 곳에 불이 있을 것이다."
왕은 왕자에게서 돌아섰다. 죄를 미워하시는 아버지의 희석되지 않은 분노가 죄로 가득한 아들에게 떨어졌다. 불꽃이 아들을 삼켰다. 그림자가 그를 숨겼다. 아들은 아버지를 찾았지만 아버지는 보이지 않았다.
"나의 하나님, 나의 하나님, 어찌하여 나를 버리셨나이까!"

1. 독을 마시는 순간 아들이 어떤 느낌이었을지 한 단어로 표현해 보라.

2. 고뇌에 찬 아들의 질문에 답이 주어졌다면 그 고통이 완화되었을 것이라 생각되는가? 이에 대한 답과 그렇게 생각하는 이유를 설명해 보라.

그때 어디선가 소리가 나고, 왕은 꿈에서 깨어난다. 눈을 뜬 왕은 문간에 서 있는 초월적인 존재를 본다.
"다 끝났어요, 아버지! 드디어 집에 돌아왔어요."

1. 이 글에서 어떤 느낌을 받는가?

2. 이 이야기의 어떤 부분이 가장 기억에 남는가? 그 이유는 무엇인가?

영혼의 닻

고린도후서 5장 21절을 읽으라.

1. "죄를 알지도 못하신 이"는 누구를 가리키는가? 이 구절이 의미하는 바는 무엇인가?

2. 그분이 어떻게 우리를 대신하여 죄가 되었는가? 그렇게 하신 목적은 무엇인가?

갈라디아서 3장 13-14절을 읽으라.

3. 그리스도는 어떻게 우리를 "율법의 저주에서 속량"하셨는가? 그 일이 언제 일어났는가?

4. 그리스도께서 우리를 위하여 저주를 받으신 목적은 무엇인가?

5. 우리는 어떻게 "성령의 약속"을 받는가?

로마서 8장 3-4절을 읽으라.

6. 율법은 왜 우리를 하나님께 인도할 수 없는가?

7. 하나님은 율법의 연약함을 어떻게 극복하셨는가?

8. 죄된 인간이 율법의 요구를 충족시킬 수 없다면 사람들은 어떻게 구원받을 수 있는가?(4절)

인생의 닻

1. "황금잔"은 에덴동산에서 벌어지는 영적 전쟁을 그려 보이고 있지만, 영적 전쟁은 우리를 둘러싼 모든 곳에서 계속된다.
당신은 현재 영적인 싸움을 하는 중인가? 어떤 싸움인가? 그것에 대해 친구에게 이야기한 뒤 그 싸움에서 이길 수 있도록 하나님의 도우심을 구하는 기도를 부탁하라.

2. 당신이 영적 전쟁과 사탄을 이기는 기도의 힘에 민감해질 수 있도록 하나님의 도우심을 구하라.

3. 영적 전쟁에 관한 통찰을 더 얻고 싶다면 제이 카티(Jay Carty)의 『반격』(Counterattack)이나 프랭크 페레티(Frank Peretti)의 『현재의 어둠』(This Present Darkness)을 읽으라.

11.

집으로 돌아오라

19세기의 잉글랜드, 크리스마스였다. 어느 작은 마을에 모든 어린이에게 선물을 주는 전통이 있었다. 거리마다 축제 분위기로 들썩였다. 어린이들의 얼굴에 밝은 미소가 떠올랐고, 마을 광장의 커다란 나무 밑에는 형형색색의 선물 상자가 놓였다. 그 마을에는 정신지체로 사람들에게 놀림을 받는 청년이 있었고, 그해 크리스마스에 행해진 장난은 지금까지 그가 받아 온 놀림 중 가장 잔인한 것이었다.

산더미 같은 선물이 조금씩 줄어들 때마다 청년의 얼굴이 점점 어두워졌다. 선물을 받기에는 그의 나이가 너무 많았지만, 본인은 그 사실을 알지 못했다. 자신을 제외한 모두가 선물을 받는 것을 보며 어린아이 같은 그의 마음이 무겁게 가라앉았다. 그때 사내아이 몇 명이 선물을 가지고 그에게 다가왔다. 나무 밑에 있던 마지막 선물이었다. 예쁘게 포장된 선물 상자를 본 청년의 눈은 기쁨으로 춤을 추었다. 그는 설레는 마음으로 리본을 풀고 포장지를 벗겼다. 그러나 상자를 열었을 때 그의 마음은 무너져 내렸다. 상자 안이 텅 비어 있었기 때문이다.

포장지는 반짝거렸고, 리본은 화려했다. 선물 상자의 외관은 상자를 열어 보고 싶게 만들었다. 하지만 막상 상자를 열어 보니 그 안에는 아무것도 없었다.[4]

당신도 이와 비슷한 경험을 한 적이 있는가?

사실 많은 사람이 그런 경험을 한다.

어느 젊은 엄마가 눈물로 베개를 적신다. 그녀는 결혼하는 게 평생의 꿈이었다. '나에게도 가정이 생긴다면 얼마나 좋을까? 남편과 가정이 있기만 하다면….'

그래서 그녀는 결혼을 했다. 하지만 신혼은 오래전에 끝났다. 그녀는 한 감옥에서 다른 감옥으로 옮겨 갔을 뿐이다. 그녀가 꿈꾸던 삶은 지저분한 기저귀와 카풀, 고지서 따위로 가득한 전쟁이 되어 버렸다.

그녀는 사랑하지 않는 남편과 한 침대를 쓴다. 어떻게 양육해야 할지 모르는 아기의 새근거리며 잠자는 숨소리를 듣는다. 그리고 그

---

[4] 이 이야기의 원저자는 해리 에머슨 포스딕(Harry Emerson Fosdick)으로 추정된다.

녀의 젊음이 모래알처럼 손가락 사이로 빠져나가는 듯한 느낌을 받는다.

중년의 사업가가 호화로운 사무실에 앉아 멍하니 창밖을 바라본다. 주차장에는 빨간색 독일제 스포츠카가 그를 기다리고 있다. 그의 손가락에는 금반지가 끼어져 있고, 지갑에는 금으로 된 명함이 들어 있다. 호두나무로 된 문과 책상에는 그의 이름이 새겨진 황동 명판과 명패가 있다. 그가 입고 있는 옷은 맞춤 정장이고, 그가 신고 있는 신은 수제화이며, 그는 사회적으로 널리 알려진 유명 인사다.

그는 행복해야 마땅하다. 그는 사회의 계층 사다리 밑에 서 있을 때 목표로 했던 것들을 이뤘다. 그러나 원하는 것을 갖게 된 지금, 계층 사다리의 꼭대기에 있는 지금, 그는 그 사다리가 엉뚱한 건물에 걸쳐져 있음을 깨닫는다.

그는 아내를 그의 야망의 잿더미 속에 버려두었다. 아이들은 더 이상 그를 "아빠"라고 부르지 않는다. 그들에게는 새아빠가 있다. 그에게는 성공이 가져다주는 모든 게 있지만, 오늘 밤 돌아갈 가정만 있다면 그 모든 것을 당장이라도 내줄 수 있을 것 같다.

"천장 타일에 뚫린 구멍을 100번은 센 것 같아요." 그는 떨리고 힘없는 목소리로 말했다. "6주 동안은 깁스를 하고 있어야 한다는군요. 살아 있는 것만으로도 다행이래요."

산소마스크를 쓰고 있어서 목소리가 들릴락 말락 했다. 이마와 콧등에는 찰과상을 입었다.

"사람들이 저한테 뭐 기억나는 거 없냐고 계속 물어요. 하지만 운전을 한 기억은 물론이고 차에 탄 기억조차 없는걸요. 코카인을 흡입한 건 처음인데, 너무 많이 흡입한 것 같아요. 다음에는 생각을 좀 해 봐야겠어요. 사실 생각할 시간이 아주 많아진 것 같기는 해요."

게임은 끝났다. 시끌벅적한 소리도 없고 번쩍이는 빛도 없다. 꿈이 이루어졌지만 당신은 잠을 이루지 못한다. 그럴 때 당신은 어떻게 할 것인가? 퍼레이드가 멈췄을 때 어디로 갈 것인가? 실수는 당신의 미래를 침식해 들어간다. 이제 어떻게 할 것인가?

당신은 세상을 탓할 수 있다. 성경에 나오는 탕자도 마찬가지였다. 실제로 그는 그렇게 했다(눅 15:11-27 참조).

소년은 물웅덩이에 비친 자신의 모습을 바라보았다. 이것이 정말 그의 얼굴이란 말인가. 전혀 그의 얼굴 같지 않았다.

눈에서 불꽃이 사라졌다. 오만한 미소가 사라지고 겸손해졌다. 무모한 태도가 사라지고 차분해졌다. 그는 추락했다. 곤두박질쳤다. 친구를 잃은 것으로는 충분하지 않았다. 돈이 떨어진 것으로도 충분하지 않았다. 반지와 코트, 구두까지 저당 잡히는 것으로도 충분하지 않았다. 오랜 시간 터덜거리며 걷는 것도 그를 부서뜨리지 못했다. 당신은 며칠간 돼지우리를 치우고 구정물을 나르다 보면 마음이 변화될 것이라 생각할 것이다.

하지만 그렇지 않았다. 자존심은 돌로 만들어졌다. 몇 번 세게 치면 조금 깎여 나가겠지만 완전히 깨뜨리려면 현실이라는 망치가 필요하다.

소년의 자존심에 균열이 일기 시작했다. 처음 며칠간은 분노의 나날이었다. 그는 모두에게 화를 냈고, 모든 사람을 비난했다. 친구들이 곤경에 처한 그를 도와주지 말았어야 했다. 형이 와서 도와줬어야 했다. 고용주는 그를 보다 잘 먹였어야 했고, 아버지는 애초에 그를 가지 못하게 막았어야 했다.

소년은 그들의 이름을 따서 돼지의 이름을 지었다. 실수는 비난과 책임 전가를 부른다. 사람은 돈이 떨어질 수도 있고, 일자리를 잃을 수도 있고, 친구를 잃을 수도 있지만 비난할 대상만큼은 결코 부족하지 않다. 그 비난의 대상은 때때로 가족이 되기도 한다.

"부모님이 자신들의 일을 보다 진지하게 생각했더라면…."
"남편이 그토록 이기적이지 않았더라면…."
"아이들이 나를 조금이라도 존중해 주었더라면…."
"부모님이 내게 배변훈련을 조금만 더 일찍 시켰더라면…."

때로는 시스템이 비난의 대상이 되기도 한다.

"이 학교에서는 누구도 공부를 잘할 수가 없어!"
"내게 동등한 기회가 주어졌다면 승진했을 텐데."
"이곳 전체가 썩을 대로 썩었어."
"이놈의 세상에서는 도대체가 신분 상승이 불가능하다니까."

심지어 교회도 비난의 대상이 된다.

"교회에 다니죠. 하지만 1958년도에 내가 교회에 다닐 때 아무도 우리 집에 심방을 오지 않았던 것 아세요?"
"그 사람들이요? 죄다 위선자들이죠."
"교회로 돌아갈 겁니다. 제대로 된 교리를 가르치고, 모든 노숙자에게 잠자리를 제공하고, 모든 병자에게 음식을 제공하는 교회를 찾기만 하면 그 즉시 다시 교회에 다닐 거예요."

이렇게 되면 당신은 옳고 다른 모든 사람은 틀린 것이 된다. 당신은 희생자이고 세상은 당신의 적이 된다.

두 번째 선택은 게임을 계속하는 것이다. 다만 이번에는 좀 더 많은 것을 포기하면서 말이다.

아내에게는 '롭'이라는 이름의 사촌이 있다. 그는 아주 좋은 사람으로, 그의 온화한 성품과 친절한 미소를 접하면 누구라도 그를 좋아할 수밖에 없다. 그는 뭔가 부탁할 일이 있는데 다른 사람에게 전화하기 힘들 때 그에게 전화하게 되는 그런 사람이다. 그러니 걸스카우트 기금 마련 행사에서 '쿠키몬스터' 분장을 할 사람이 필요했을 때 주최 측에서 누구에게 부탁을 했겠는가? 그렇다. 롭이었다.

그런데 몇 가지 문제가 있었다. 첫째, 누구도 행사일 날씨가 그토록 더울지 예상하지 못했다. 둘째, 롭은 쿠키몬스터 의상이 그토록 클 줄 몰랐다. 셋째, 인형 탈을 쓴 롭의 안경에 김이 서려서 앞을 못 보게 될 거란 사실을 누구도 예측하지 못했다. 롭이 무대 한쪽에 앉아서 자기 순서를 기다리는 동안 그의 안경에 뿌옇게 김이 서렸다. 하지만 두꺼운 쿠키몬스터 의상을 입은 손으로는 안경을 닦을 수가 없었다. 롭은 걱정이 되기 시작했다. 언제 자기 이름이 불릴지 모르는 상황인데 연단이 어디 있는지조차 분간하기 힘들었기 때문이다. 하는 수 없이 그는 작은 목소리로 도움을 청했다. 그러나 인형 탈이 너무 두꺼워서 아무도 그의 목소리를 듣지 못했다. 그래서 그는 손을 흔들었다. 하지만 아이들의 까르르 웃는 소리만 되돌아왔다. 아이들은 롭이 그들에게 손을 흔든다고 생각했던 것이다.

그 이야기를 듣고 나는 혀를 찼다. 그리고 한숨을 내쉬었다. 너무도 익숙한 이야기였다. 인형 탈 때문에 도움을 청하는 소리가 안 들리는가? 미소 뒤에 감추어진 두려움이 안 보이는가? 도움을 청하는 필사적인 몸짓이 기쁨의 표시로 여겨지는가?

부디 우리가 사는 세상이 이런 세상이라고 말하지 말아 주기를 바란다.

아담과 하와가 무화과 잎으로 몸을 가린 후부터 우리는 줄곧 진실을 숨겨 왔다. 그리고 세대가 지날수록 진실을 숨기는 데 보다 능숙해졌다.

미켈란젤로(Michelangelo)의 창의성은 대머리 신사가 몇 가닥 남은 머리칼을 다루는 솜씨에 비하면 아무것도 아니다. 우리가 불룩한 뱃살을 발레리나들이나 입을 만한 바지에 욱여넣는 모습을 보면 전설적인 마술사 후디니(Houdini, 헝가리계 미국인 마술사)가 다 놀랄 지경이다.

우리는 가장의 대가다. 부를 과시하기 위해 차를 몰고, 이미지를 연출하기 위해 청바지를 입는다. 출신지를 숨기기 위해 억양과 말투를 익힌다. 유명 인사들과 친한 척 그들의 이름을 들먹인다. 과장된 이야기를 꾸며 내고, 장난감을 사들이고, 업적을 자랑한다. 그러면서 고통은 무시한다. 그러다 보면 시간이 지나면서 진짜 자아는 잊힌다.

인디언들에 따르면 모든 사람의 가슴에는 칼이 있다고 한다. 이 칼은 시계의 분침처럼 돌아간다. 가슴이 거짓말을 할 때마다 칼이 조금씩 돌아가고, 칼이 돌아갈 때마다 가슴이 베인다. 칼이 돌아갈 때마다 원이 파이고, 칼이 많이 돌아갈수록 원도 넓어진다. 칼이 한 바퀴를 다 돌면 길이 난다. 그 결과, 더 이상 상처도 없고 가슴도 없는 상태가 된다.

돼지를 치는 소년의 한 가지 선택은 다시 가면무도회로 돌아가 모든 게 괜찮은 척하는 것이다. 그는 고통이 사라질 때까지 그의 진실성을 베어 낼 수 있었다. 다른 사람들처럼 아무렇지 않은 척할 수 있었다. 돼지우리가 궁전인 체하며 평생을 보낼 수 있었다. 하지만 그는 그렇게 하지 않았다. 그의 안에 있는 무언가가 그에게 "지금은 진실의 순간"이라고 말했다.

소년은 물웅덩이를 들여다보았다. 그 속에 비친 얼굴은 아름답지 않았다. 지저분하고 부어 있었다. 그는 고개를 돌렸다. '생각하지 말자. 다른 사람들도 다 이러고 살아. 내일이면 좀 나아질 거야.'

거짓말은 그럴싸했다. 거짓말은 늘 잘 먹혔다. 하지만 이번에는 속지 않기로 했다. 그는 수면에 비친 자기 얼굴을 응시했다. '아, 너무 많이 추락했어!' 그는 처음으로 진실을 말했다.

소년은 자기 눈을 들여다보았다. 아버지 생각이 났다. '내 눈이 아버지 눈을 닮았다고 했는데….'

그가 떠나겠다고 말했을 때의 아버지의 상처 입은 표정이 떠올랐다. '나 때문에 얼마나 큰 상처를 입으셨을까?'

소년의 가슴에 균열이 일었다. 물웅덩이에 눈물이 떨어졌다. 한 방울, 또 한 방울…. 그러다 결국 봇물이 터졌다. 소년은 지저분한 손에 얼굴을 묻고 울었다. 눈물은 그의 영혼을 정화시켰다.

소년은 오랜만에 집 생각을 했다. 옛 추억을 떠올리니 마음이 따뜻해졌다. 저녁 식탁에서 가족들과 함께 웃던 기억, 따뜻한 침대에서 잠을 청하던 기억, 저녁 때 아버지와 함께 포치에 앉아 귀뚜라미 우는 소리를 듣던 기억….

"아버지!" 소년은 물웅덩이 속의 자기 얼굴을 보며 말했다.
"제가 아버지를 닮았다고 하는데, 이제 아버지는 저를 알아보지 못하실 거예요. 제가 모든 것을 망쳐 놓았어요."

그는 일어나서 걷기 시작했다. 집으로 가는 길은 그가 기억하는 것보다 길었다. 그가 마지막으로 그 길을 갔을 때에는 사람들이 그의 옷차림을 보고 고개를 돌렸다. 이번에 고개를 돌린다면 그것은 고약한 냄새 때문일 것이다. 옷은 다 해지고, 머리칼은 마구 엉켜 있고, 발은 시커멨다. 하지만 상관없었다. 오랜 마음고생 끝에 처음으로 마음이 편안해졌기 때문이다.

그는 집으로 향했다. 완전히 다른 사람이 되어 집으로 향했다. 그는 권리를 주장하는 대신 그에게 주어지는 것은 무엇이든 기쁘게 받아들일 작정이었다. "주세요."는 "도와주세요."로 바뀌었고, 반항은 뉘우침으로 바뀌었다.

그는 모든 것이 필요했지만 가지고 있는 것이 아무것도 없었다. 그에게는 돈도 없었고, 변명할 말도 없었다.

그는 아버지가 그를 얼마나 보고 싶어 하는지도 알지 못했다. 아버지가 일을 하는 사이사이에 얼마나 많이 마을 어귀를 쳐다보는지도 알지 못했다. 아버지가 얼마나 자주 자다가 일어나 아들 방으로 가서 그의 침대에 앉아 있는지도 알지 못했다. 아버지가 포치의 빈 흔들의자 옆에 앉아 아들의 익숙한 몸짓과 걸음걸이, 얼굴을 그리워하며 시간을 보낸다는 것도 상상하지 못했다.

소년은 골목을 돌아 집으로 향하며 아버지에게 할 말을 다시 한 번 연습해 보았다.

"아버지, 제가 하늘과 아버지께 죄를 지었어요."

그는 대문으로 다가갔다. 그리고 빗장을 들어 올리려다가 멈칫했다. 갑자기 집에 돌아온 게 어리석게 느껴졌다. "이게 다 무슨 소용이람? 내게 무슨 기회가 있을 거라고…." 그는 고개를 푹 숙이고 돌아서서 걷기 시작했다.

그때 발소리가 들렸다. "스륵, 스륵, 스륵" 하는 샌들 소리였다. 누군가 달려오고 있었다. 소년은 돌아보지 않았다. '나를 쫓으러 나온 하인이거나 내가 집에 돌아온 이유를 궁금해하는 형일 거야.'

그는 서둘러 발길을 옮겼다. 그러나 등 뒤에서 들려온 목소리는 하인이나 형의 목소리가 아니었다. 아버지의 목소리였다.

"아들아!"

"아버지?"

소년은 다시 대문을 열기 위해 돌아섰다. 그런데 문이 이미 열려 있었다. 아들은 문 앞에 서 있는 아버지를 보았다. 아버지는 두 뺨에 눈물을 흘리며 두 팔을 활짝 벌린 채 서 있었다.

"아버지, 제가 잘못했어요."

소년은 아버지의 어깨에 얼굴을 묻으며 말했다.

두 사람은 서로를 끌어안고 눈물을 흘렸다. 말이 필요 없었다. 아들은 뉘우쳤고, 아버지는 용서했다. 소년은 집에 돌아왔다.

이 이야기 중 액자에 넣어 벽에 걸어 둘 만한 장면은 아버지가 팔을 벌리고 서 있는 장면이다. 아버지의 눈물은 감동적이고, 그의 미소는 따뜻하다. 그의 손은 언제나 우리를 집으로 부른다. 그 손을 상상해 보라. 힘 있는 손가락과 주름진 손바닥을 상상해 보라. 활짝 열린 대문처럼 넓게 벌린 두 팔을 상상해 보라.

이 비유를 말씀하실 때 예수님께서 손을 사용하셨을까? 이야기를 하시다가 이 대목에 이르렀을 때 두 팔을 활짝 벌리셨을까?

예수님은 '나는 집에 돌아갈 수 없어. 살아 있는 동안엔 불가능해.'라고 생각하는 사람들의 마음을 아셨을까? 땅을 내려다보는 가정주부와 "나는 다시 시작할 수 없어. 그러기에는 너무 많은 걸 망쳐 놓았어."라고 말하는 것처럼 고개를 젓는 사업가를 보셨을까? 그리고 마치 "너는 할 수 있단다. 집으로 돌아올 수 있어."라고 말씀하시는 것처럼 두 팔을 활짝 벌리셨을까?

나는 그날 예수님께서 그렇게 하셨는지 알지 못한다. 그러나 나중에 그렇게 하셨다는 것은 안다. 예수님은 두 손을 최대한 넓게 벌리셨다. 두 팔을 아플 만큼 넓게 벌리셨다. 그리고 손과 팔이 다시 접히는 일은 없다는 것을 증명하시듯 그 상태 그대로 십자가에 못 박히셨다. 지금도 예수님은 두 손과 두 팔을 활짝 벌리고 계신다.

STUDY GUIDE

마음의 닻

자존심은 돌로 만들어졌다. 몇 번 세게 치면 조금 깎여 나가겠지만 완전히 깨뜨리려면 현실이라는 망치가 필요하다.

1. 자존심이 돌로 만들어졌다는 것이 무슨 뜻인가?

2. 자존심이 강한 사람들은 왜 복음을 받아들이기 어려운가?

처음 며칠간은 분노의 나날이었다. 그는 모두에게 화를 냈고, 모든 사람을 비난했다. 친구들이 곤경에 처한 그를 도와주지 말았어야 했다. 형이 와서 도와줬어야 했다. 고용주는 그를 보다 잘 먹였어야 했고, 아버지는 애초에 그를 가지 못하게 막았어야 했다. 소년은 그들의 이름을 따서 돼지의 이름을 지었다.

1. 자신의 실수를 종종 다른 사람의 탓으로 돌리는가? 이에 대해 자세히 설명해 보라.

2. 소년이 자기 주변 사람들의 이름을 따서 돼지의 이름을 지으며 만족감을 느낀 이유는 무엇인가?
당신도 이와 비슷한 행동을 한 적이 있는가?

너무도 익숙한 이야기였다. 인형 탈 때문에 도움을 청하는 소리가 안 들리는가? 미소 뒤에 감추어진 두려움이 안 보이는가? 도움을 청하는 필사적인 몸짓이 기뽐의 표시로 여겨지는가?
부디 우리가 사는 세상이 이런 세상이라고 말하지 말아 주기 바란다.

1. 이 글 중 당신이 사는 세상을 묘사하고 있는 부분은 어디인가?

2. 이 글 중 당신을 묘사하고 있는 부분은 어디인가?

그는 집으로 향했다. 완전히 다른 사람이 되어 집으로 향했다. 그는 권리를 주장하는 대신 그에게 주어지는 것은 무엇이든 기쁘게 받아들일 작정이었다. "주세요."는 "도와주세요."로 바뀌었고, 반항은 뉘우침으로 바뀌었다.

1. 소년이 변화하는 데 도움이 된 요소는 무엇인가?

2. 당신이 아는 사람 중 이와 비슷한 변화를 경험한 사람을 떠올려 보라. 그리고 그 사람의 변화하기 전과 후의 모습을 묘사하라.

예수님은 두 손을 최대한 넓게 벌리셨다. 두 팔을 아플 만큼 넓게 벌리셨다. 그리고 손과 팔이 다시 접히는 일은 없다는 것을 증명하시듯 그 상태 그대로 십자가에 못 박히셨다. 지금도 예수님은 두 손과 두 팔을 활짝 벌리고 계신다.

1. 마지막 문장이 의미하는 것은 무엇인가?

2. 이 글이 당신에게 어떤 의미가 있는가?

영혼의 닻

누가복음 15장 11-32절을 읽으라.

1. 둘째 아들이 자신의 생활방식에 대해 다시 생각하게 된 계기는 무엇인가?(14-16절) 오늘날에도 이와 비슷한 일이 일어난다고 생각하는가?

2. 18절에서 둘째 아들이 한 말을 시편 51편 4절에 나오는 다윗왕의 말과 비교해 보라. 두 사람이 공통적으로 느끼는 감정은 무엇인가?

3. 20절의 아버지는 하나님 아버지와 어떤 면에서 비슷한가? 이것이 하늘 아버지를 잘 묘사한다고 생각하는가? 그렇게 생각하는 이유는 무엇인가?

4. 18-19절을 21절과 비교해 보라. 둘째 아들이 아버지에게 하려고 준비한 말 중 미처 하지 못한 말은 무엇인가? 둘째 아들이 말을 끝맺지 못한 이유는 무엇인가?

5. 둘째 아들은 22-24절에서 받은 것들을 받을 만한 자격이 있었는가? 이 장면이 은혜를 어떻게 설명하고 있는가?

6. 당신은 25-30절에 나오는 맏아들처럼 느낀 적이 있는가?

7. 32절에서 아버지가 둘째 아들에 대해 묘사한 것이 어떻게 모든 그리스도인을 묘사해 주는가?

인생의 닻

1. 한 주 동안 당신이 실수할 때 어떻게 하는지 주의 깊게 살펴보라. 당신은 잘못을 시인하는가? 일이 어긋났을 때 주로 자신을 탓하는가, 아니면 다른 사람들을 비난하는가? 잘못했을 때 당신은 스스로에게 뭐라고 말하는가? 당신이 관찰한 것을 글로 적은 뒤 그것을 토대로 기도제목을 정하라.

2. 신뢰할 만한 친구에게 당신이 누가복음 15장 1-32절에 등장하는 세 명 중 누구와 가장 비슷한지 물어보라. 그리고 그가 당신 안의 무엇을 보고 그렇게 생각했는지 들어보라. 당신의 행동과 태도에 달라져야 할 부분이 있는지 생각해 보고, 달라지기 위해 당신이 할 수 있는 일 세 가지를 정하라.

3. 하나님께서 당신의 잘못에 대해 어떻게 생각하신다고 믿는가? 시간을 내어 이 부분에 대해 생각해 보라. 다음의 질문이 도움이 될 것이다.
   ① 당신은 돌이킬 수 없는 잘못을 저지른 적이 있는가?
   ② 당신이 오늘 죽어서 하늘나라에 간다면 예수님께서 당신의 삶에 대해 뭐라고 말씀하실 것 같은가?
   ③ 당신의 어떤 잘못이 야기한 결과에서 긍정적인 무언가를 찾을 수 있는가?

4. 당신이 어떻게 변화할 수 있을지에 대한 통찰을 더 얻고 싶다면 래리 크랩(Larry Crabb)의 『영적 가면을 벗어라』(Inside Out)를 읽으라.

12.

은혜의 전설

여행

옛날 옛적에, 시간이 존재하지 않고 강에 이름이 없던 아주 먼 옛날에 송어 한 마리가 살았다.

바위산 계곡의 시냇물에서 태어난 그 점박이 물고기는 일찍부터 놀이의 즐거움을 배웠다.

그는 물속에서 자유자재로 놀았다. 쓰러진 통나무 때문에 자연스럽게 만들어진 피난처를 종횡무진했고, 급류를 피해 바위에서 바위로 건너뛰기도 했다.

매일 아침 그는 태양이 밤의 장막을 들어 올리는 것을 보았다. 그것은 춤으로의 초대였다. 그는 맑은 물속에서 즐겁게 춤을 추다가 해가 더 높이 솟아오르면 휴식을 취하면서 수면 바깥의 커다란 나무들과 혀로 물을 핥아먹고 사라지는 짐승들을 바라보곤 했다.

낮이 놀이 시간이라면 밤은 생각하는 시간이었다.

이 어린 송어는 자신의 빈약한 지식에 만족하지 않고, 다른 물고기들이 눈을 감고 있는 동안 눈을 뜨고 있었다.

'이 시냇물은 어디에서 와서 어디로 가는 걸까? 시냇물은 왜 있고, 나는 왜 있는 걸까?'

그는 다른 물고기들이 한 번도 생각한 적 없는 문제에 대해 골똘히 생각했다. 그리고 오래도록 답을 찾아 귀를 기울였다.

어느 날 밤, 그는 요란한 물소리를 들었다. 하늘에 뜬 달이 시냇물에 비칠 정도로 밝은 밤이었다. 잠들지 않고 생각에 잠겨 있던 그 물고기는 그동안 늘 들어 왔던 소리를 처음으로 의식하게 되었다.

요란한 물소리. 그것은 강 밑에서 들려왔고, 그 소리가 물을 진동시켰다. 그 순간 물고기는 물이 왜 늘 움직이는 건지 알게 되었다.

'이 소리의 근원은 무엇일까? 누가 이 소리를 만들어 내는 걸까?'

그는 알아야 했다. 알고 싶은 마음에 밤새도록 쉬지 않고 헤엄을 쳤다. 물소리는 더욱 요란해졌다. 노호하는 그 물소리는 그를 두렵게 하는 동시에 압도했다.

물고기는 별빛이 희미해지고 회색 조약돌이 다시 제 색깔을 찾을 때까지 헤엄을 쳤다. 더 이상 헤엄을 칠 수 없을 만큼 헤엄을 치자 피로가 호기심을 밀어냈다. 결국 그는 헤엄치기를 그만두고 잠이 들었다.

만남

송어의 등에 따뜻한 햇살이 내리비쳤다. 그는 다시 물속에서 헤엄치며 노는 꿈을 꾸었다. 꿈속에서 그는 바윗돌 사이를 다니며 물과 장난을 쳤다. 그러다 집에 돌아오는 꿈이었다.

이윽고 그는 잠에서 깨어났고, 자신이 어떤 문제의 답을 찾아 멀리 떠나왔음을 기억해 냈다.

그는 요란한 물소리를 들었다. 그 소리는 가까운 곳에서 들려왔다. 눈을 뜨자 소리의 진원지가 보였다. 그것은 하얀 거품으로 이루어진 벽이었다. 물이 구르고, 떨어지고, 튀고, 충돌했다.

지금까지 그런 장관은 본 적이 없었다.

'저 위에 올라가 봐야겠어.'

물고기는 폭포가 있는 곳까지 헤엄쳐 갔다. 그리고 폭포를 거슬러 올라가려고 해 보았다. 그는 있는 힘껏 헤엄쳐 올라갈 생각이었다. 그러나 떨어져 내리는 물살이 너무 셌다. 그렇지만 그는 굴하지 않고 계속해서 헤엄을 쳤다. 더 이상 헤엄칠 수 없을 때까지 헤엄을 치다가 결국 지쳐서 잠이 들었다.

다음 날 물고기는 점프를 해서 폭포 꼭대기에 오르기로 마음먹었다. 그는 소용돌이치는 거품 아래로 깊이 잠수해 들어갔다. 물이 잠잠하고, 어둡고, 폭포 소리가 잘 들리지 않는 곳까지 깊이 헤엄쳐 들어갔다가 위로 방향을 틀었다.

그는 꼬리를 좌우로 휘저으며 그 어느 때보다 빠르게 헤엄을 쳐서 곧장 수면을 향해 올라갔다. 높이 더 높이, 빠르게 더 빠르게!

그는 잔잔한 물속을 지나 수면으로 향했다. 그리고 수면을 통과하여 공중으로 치솟았다. 너무도 높이 솟아올라서 그는 자신이 폭포 꼭대기에 착지할 거라고 확신했다.

하지만 그렇게 되지는 않았다. 그는 간신히 거품 위로 솟았다가 다시 떨어져 내렸다.

'다시 한 번 해 볼 거야.'

그는 물속으로 깊이 들어갔다가 위로 솟구쳤다. 공중으로 날아올랐다가 다시 물속으로 가라앉았다. 그는 다시 시도했다. 다시 시도하고, 또다시 시도했다. 계속해서 폭포 꼭대기에 오르려고 애썼다. 그러나 계속해서 실패했다. 마침내 밤이 되었고, 달빛이 지친 송어를 위로해 주었다.

다음 날 아침, 새 힘을 얻은 송어는 새로운 계획을 세웠다. 그는 폭포가 떨어지는 곳 옆의 안전지대를 발견했다. 그곳의 잔잔한 물속에서 위를 올려다본 그는 물이 많이 떨어지지 않는 폭포의 측면을 공략하기로 했다.

그는 좋은 수를 생각해 낸 것을 기뻐하며 다시 헤엄을 치기 시작했다. 물고기로서는 할 수 없는 일을 하기 위해 끈질기게 몸을 밀어붙였다.

그는 해가 지도록 열심히 노력했다. 올라갔다 떨어지고, 올라갔다 떨어지고, 올라갔다 떨어졌다. 그러다 근육이 땅기는 한순간, 그는 실제로 선반처럼 툭 튀어나온 바위에 올라 아래를 내려다볼 수 있었다. 그러나 놀라운 성취에 가슴이 부풀어 고개를 너무 많이 내민 탓에 다시 물속으로 곤두박질치고 말았다.

그는 곧 지쳐서 잠이 들었다.

잠시 후 꿈속에서 요란한 물소리를 들었다. 산골짜기 시냇물을 떠나 폭포 속에 사는 영광스러운 꿈이었다.

그러나 잠에서 깨어 보니 여전히 폭포 밑이었다. 하늘에는 달이 높이 떠 있었다.

그는 이 모든 게 꿈인 것을 알고 낙심했다. 이렇게까지 할 필요가 있을까 싶었다. '앎을 추구한 적 없는 물고기들이 더 행복하지 않을까?' 하는 생각이 들었다.

그는 집에 돌아가는 것에 대해 생각해 보았다. 물살이 그를 집에 데려다줄 것이다. '평생 폭포 소리와 더불어 살았지만 그 소리가 귀에 들린 적은 없었어. 그냥 무시하고 살면 돼.'

그러나 마음속의 간절한 바람을 어떻게 무시한단 말인가?

여기까지 와서 어떻게 돌아선단 말인가?

삶의 목적을 추구하다가 어떻게 목적 없는 삶에 만족할 수 있단 말인가?

물고기는 단지 폭포 꼭대기에 올라가 보고자 했을 뿐이다. 하지만 선택의 여지가 없었다. 그는 어떻게 해야 할지 도무지 알 수 없었다. 그는 폭포에 대고 소리를 질렀다.

"왜 이렇게 잔인한 거야? 왜 이렇게 심하게 구는 거지? 왜 나를 도와주지 않는 거야? 나 혼자서는 안 된다는 걸 모르겠어? 나에겐 네가 필요하다고!"

그때 폭포 소리가 가라앉기 시작했다. 거품도 줄어들었다. 물고기는 주위를 돌아보았다. 물이 잔잔해졌다.

이윽고 다시 물의 흐름이 느껴졌다. 밀려오는 물살의 익숙한 흐름이었다. 다만 이번에는 물살이 뒤에서부터 밀려왔다.

처음에는 서서히 밀려오더니 점차 빨라졌다. 물살은 점점 더 빨라져 마침내 물고기를 그 위에서 폭포가 떨어져 내리는 거대한 암벽 위에 올려놓았다.

물고기는 잠시 암벽에 머리를 부딪힐 것 같은 두려움에 사로잡혔다. 그러나 암벽에 닿으려는 순간, 물결이 그를 떠받쳤다. 그는 위로 들어 올려졌다. 물의 혀 같은 것이 그를 들어 올려 암벽 위에 올려놓았다.

숲속은 고요했다. 짐승들은 장엄한 광경을 목도하기라도 한 듯 가만히 서 있었다. 바람이 숨을 죽였다. 달은 기적을 놓치지 않으려는 듯 아주 서서히 이울었다.

물고기가 은혜의 물결 위에 올랐을 때 모든 자연이 그 모습을 지켜보았다. 그가 폭포 꼭대기에 도달했을 때 모든 자연이 함께 기뻐했다.

어둠 속에서 별들이 경주를 펼치고, 달이 뒷걸음질 치다 만족감에 몸을 떨었다. 곰이 춤을 추었다. 새들이 서로 껴안았다. 바람이 휘파람을 불었다. 그리고 나뭇잎이 박수를 쳤다.

물고기는 그가 가고 싶어 했던 곳에 있었다. 요란한 물소리의 임재 안에 있었다.

그가 할 수 없었던 것을 강이 해 주었다. 그 즉시 물고기는 자신이 영원히 이 신비를 음미하며 살게 되리라는 것을 알았다.

STUDY GUIDE

마음의 닻

물고기는 폭포가 있는 곳까지 헤엄쳐 갔다. 그리고 폭포를 거슬러 올라가려고 해 보았다. 그는 있는 힘껏 헤엄쳐 올라갈 생각이었다. 그러나 떨어져 내리는 물살이 너무 셌다. 그렇지만 그는 굴하지 않고 계속해서 헤엄을 쳤다. 더 이상 헤엄칠 수 없을 때까지 헤엄을 치다가 결국 지쳐서 잠이 들었다.

이 글은 자력으로 하나님께 도달하려는 인간의 시도를 어떻게 그리는가? 그 결과는 무엇인가?

그러나 마음속의 간절한 바람을 어떻게 무시한단 말인가? 여기까지 와서 어떻게 돌아선단 말인가? 삶의 목적을 추구하다가 어떻게 목적 없는 삶에 만족한단 말인가?

1. 당신이라면 이 질문에 어떻게 대답할 것 같은가?

2. 당신의 삶에는 어떤 목적이 있는가?

물고기가 은혜의 물결 위에 올랐을 때 모든 자연이 그 모습을 지켜보았다. 그가 폭포 꼭대기에 도달했을 때 모든 자연이 함께 기뻐했다. 어둠 속에서 별들이 경주를 펼치고, 달이 뒷걸음질 치다 만족감에 몸을 떨었다. 곰이 춤을 추었다. 새들이 서로 껴안았다. 바람이 휘파람을 불었다. 그리고 나뭇잎이 박수를 쳤다.
물고기는 그가 가고 싶어 했던 곳에 있었다. 요란한 물소리의 임재 안에 있었다.

그가 할 수 없었던 것을 강이 해 주었다. 그 즉시 물고기는 자신이 영원히 이 신비를 음미하며 살게 되리라는 것을 알았다.

1. 이 글이 묘사하는 장면과 누가복음 15장 10절에서 예수님이 하신 말씀이 어떻게 비슷한가?

2. 물결은 하나님의 은혜와 어떻게 비슷한가? 물고기는 당신과 어떤 면에서 비슷한가? 물결이 없었다면 그 물고기는 어디에 있을까? 하나님의 은혜가 없다면 당신은 어디에 있을까?

영혼의 닻

로마서 5장 6-11절을 읽으라.

1. 바울은 어떤 말로 우리가 우리 자신을 구원할 수 없음을 묘사하는가?(6절) 이 말이 받아들이기 어려운 이유는 무엇인가?

2. 그리스도는 누구를 위해 죽으셨는가?(6절) 그렇게 할 수 있는 사람이 누가 있는가?

3. 7-8절에서 바울은 우리를 위한 하나님의 희생이 어마어마하다는 것을 어떤 말로 알려 주는가?

4. 그리스도인은 어떻게 "의롭다 하심"을 얻는가?(9절) 이것이 십자가와 어떤 관련이 있는가?

5. 모든 그리스도인은 무엇으로부터 구원을 얻는가?(9절) 이것이 어떻게 가능한가?

6. 바울은 사람들이 어떻게 하나님의 "원수"(10절)에서 "하나님 안에서 즐거워"하는(11절) 존재로 바뀔 수 있다고 가르치는가? "하나님 안에서 즐거워"한다는 것은 무슨 의미인가?

인생의 닻

1. 당신이 아는 사람 중 '하나님의 은혜'라는 개념을 이해하기 위해 애쓰는 사람이 있는가? 하나님의 수용과 인정이 우리의 노력과 아무 상관이 없음을 믿는 데 어려움을 겪는 사람이 있는가? 그 사람이 누구인가? 그에게 은혜를 그려 보이기 위해 당신이 할 수 있는 일은 무엇인가?

2. 복음의 메시지를 분명하게 정리해 두고 중요한 부분을 확실히 기억하라(특히 고린도전서 15장 1-11절과 에베소서 2장 8-9절을 보라). 그런 다음 친한 친구나 이웃에게 그 메시지를 전달해 보라. 나중에 당신이 복음을 제대로 전했는지에 대해 주변 사람들이 평을 들어보라.

13.

11시의 선물

니고데모는 한밤중에 왔다. 백부장은 한낮에 왔다. 한센병 환자와 죄를 지은 한 여자는 사람들 속에서 모습을 드러냈다. 삭개오는 나무 위로 올라갔다. 마태는 그분을 위해 잔치를 열었다.

교육받은 사람들과 권력자들, 소외된 자들, 병자들, 외로운 사람들, 부자들. 과연 누가 이런 사람들을 다 모을 수 있겠는가?

그들의 공통점이라곤 협잡꾼과 모리배에게 속아서 혼수함(hope chest. 젊은 처녀가 혼수로 장만한 물건들을 모아 두는 함-역주)이 텅 빈 지 오래되었다는 것뿐이다.

그들은 드릴 것이 없었지만 모든 것을 요청했다. 그들은 거듭나기 원했고, 또 한 번의 기회가 주어지기 원했고, 새롭게 출발하기 원했고, 깨끗한 양심을 갖기 원했다. 그러한 그들의 모든 요청이 예외 없이 받아들여졌다.

그리고 이제 요청할 게 있는 또 한 사람이 등장했다. 그는 죽음을 몇 분 앞두고 왕 앞에 섰다. 그는 빵 부스러기를 요청할 참이었다. 그리고 다른 모든 사람처럼 온전한 빵을 받을 터였다.

골고다 언덕은 황량하고 돌이 많았다. 도둑은 수척하고 창백했다. 죽음의 문이 삐거덕 소리를 내며 닫혔다. 그는 비참한 상황 가운데 있었다. 그는 실수의 나선형 계단을 내려왔다. 거듭거듭 죄를 지었고, 거듭거듭 거부당했다. 계속해서 추락하다가 마침내 바닥까지 내려왔다. 십자가와 세 개의 못이 있는 바닥까지 말이다.

그는 더 이상 자신의 정체를 숨길 수 없었다. 그의 유일한 옷은 수치의 외투였다. 그에게는 화려한 언변도 없었고, 인상적인 이력서도 없었다. 주일학교에서 주는 상도 없었다. 오직 실수의 벌거벗은 역사가 있을 뿐이었다.

그는 예수님을 보았다. 조금 전까지 그는 예수님을 조롱했다. 군중이 예수님에 대한 비난을 합창할 때 그도 열심히 자기 파트를 불렀다(마 27:44).

그러나 이제는 예수님을 조롱하지 않았다. 그는 예수님을 찬찬히 살펴보았다. '이 사람이 누굴까?' 궁금했다.

'참 이상하네. 이 사람은 전혀 저항하지 않아. 오히려 십자가에 달리기를 바라는 것 같아.'

사람들이 조롱하고 모욕해도 예수님은 가만히 있었다. 뺨에 피가 흐르고 머리에 쓴 가시관이 두피를 찔렀다.

도둑은 예수님이 쉰 목소리로 "아버지, 저들을 용서하소서."라고 속삭이는 것을 들었다.

'저 사람들은 왜 이 사람이 죽기를 바랄까?'

호기심이 서서히 고통을 밀어냈다. 그 순간 그는 손목에 박힌 못과 다리에 이는 경련을 잊었다.

그는 알 수 없는 따뜻함을 느꼈다. 그리고 마음이 쓰이기 시작했다. 이 평온한 순교자에게 관심이 가기 시작했다.

'이 사람의 눈에는 분노가 없어. 눈물만 가득할 뿐이야.'

군병들이 예수님의 옷을 가지려고 제비뽑기를 하는 게 보였다. 도둑은 예수님 머리 위에 있는 죄패를 보았다. 거기에는 '유대인의 왕'이라고 쓰여 있었다.

'저 사람들은 이 사람을 왕이라고 조롱하지만, 만약 이 사람이 정말로 미쳤다면 그냥 무시했을 거야. 이 사람을 따르는 무리가 없었다면 신경도 쓰지 않았겠지. 이 사람에게 두려워할 게 없다면 그를 죽이려 하지도 않았을 거야. 왕을 죽이려 할 때에는 그에게 왕국이 있기 때문이야. 그렇다면….'

그 순간 무슨 말을 하려는 듯 그의 갈라진 입술이 벌어졌다. 그때 다른 십자가에 달린 죄수의 비난으로 인해 그의 생각이 폭발했다. 그 죄수도 예수님을 찬찬히 살펴보았다.

하지만 그는 냉소주의의 흐릿한 렌즈를 끼고 있었다.

"네가 그리스도가 아니냐? 너와 우리를 구원하라"(눅 23:39).

두 사람이 같은 말을 듣고 같은 구세주를 보았는데, 어떻게 한 사람은 소망을 보고 다른 한 사람은 자기 자신밖에 보지 못하는 걸까? 참으로 설명할 길이 없는 딜레마다.

첫 번째 죄수는 그의 이야기를 더 듣고 있을 수 없었다. 아마도 두 번째 죄수는 자신의 말을 신호로 첫 번째 죄수도 예수님을 비난하는 데 동참해 주기를 바랐을지 모른다. 그러나 첫 번째 죄수는 그렇게 하지 않았다. 예수님을 비난한 죄수가 들은 것은 오히려 예수님을 옹호하는 말이었다.

"너는 하나님이 두렵지 않으냐?"

불과 몇 분 전에 예수님을 저주한 사람이 이제 예수님을 옹호하고 있었다.

언덕 위에 있는 사람 모두가 그리스도를 옹호하는 이 도둑을 보기 위해 고개를 들었다. 모든 천사가 눈물을 흘렸고, 모든 악마가 놀라서 입이 벌어졌다.

이 도둑이 자기가 아닌 다른 사람을 생각한다는 것을 그 누가 상상할 수 있었겠는가? 그는 늘 사람들을 괴롭히고 돈을 빼앗던 자였다. 그가 남을 도운 적이 있다는 것을 기억할 수 있는 사람이 누가 있겠는가?

하지만 그는 인생의 모래시계에서 마지막 모래알이 떨어질 때 인간으로서 할 수 있는 가장 고결한 행동을 했다. 바로 하나님을 옹호한 것이다.

예수님을 옹호해야 할 사람들은 다 어디로 갔는가?

이 도둑보다 훨씬 더 영적인 베드로는 예수님을 저버렸다.

훨씬 더 교육을 많이 받은 빌라도는 손을 씻었다.

훨씬 더 충성스런 사람들은 예수님의 죽음을 요구했다.

훨씬 더 신실한 제자들은 뿔뿔이 흩어졌다.

모두가 등을 돌린 것처럼 보일 때 한 죄수가 예수님과 예수님을 비난하는 사람들 사이에서 예수님을 옹호했다.

"너는 똑같이 사형 선고를 받고도 하나님을 두려워하지 않느냐?"(눅 23:40, 현대인의성경)

군병들이 위를 쳐다보았고, 제사장들이 잡담을 그쳤다. 마리아가 눈물을 닦고 눈을 들었다. 그 전까지는 아무도 그 죄수에게 신경을 쓰지 않았지만 지금은 모두가 그를 바라보았다.

어쩌면 예수님도 그를 보셨을지 모른다. 모두가 침묵할 때 입을 연 그 죄수를 보기 위해 고개를 돌리셨을지 모른다. 그분이 살아 계실 때 마지막으로 그분께 사랑을 표현한 사람과 눈을 맞추려고 애쓰셨을지 모른다.

길을 잃고 헤매던 양이 우리 안으로 들어온 그 순간에 예수님은 미소를 지으셨을까?

그 죄수는 문이 막 닫히려 할 때 간신히 들어왔다. 그가 한 말에는 예수님께 나아오는 사람이라면 누구나 알아야 할 두 가지 사실이 들어 있다. 그가 한 말을 다시 살펴보라.

"우리는 죄를 지었기 때문에 이런 벌을 받아도 싸지만 이분은 잘못한 것이 아무것도 없다"(눅 23:41, 현대인의성경).

우리는 죄인이지만 예수님은 죄가 없으시다.
우리는 더럽지만 예수님은 순결하시다.
우리는 틀렸지만 예수님은 옳으시다.
예수님은 자신의 죄로 십자가에 달리지 않으셨다. 우리의 죄 때문에 십자가에 달리셨다.

이 점을 이해한 도둑이 예수님께 요청을 드린 것은 지극히 당연한 것이었다. 그는 자신의 마지막 희망인 예수님의 눈을 들여다보며 다른 모든 그리스도인이 한 것과 똑같은 요청을 했다.

"당신의 나라에 임하실 때에 나를 기억하소서"(눅 23:42).

겉으로 꾸민 겸손의 말 따위는 없었다. 변명도 없었다. 오직 간절한 도움의 요청만 있을 뿐이었다.

그때 예수님은 십자가의 가장 위대한 기적을 행하셨다. 지진보다 더 위대한 기적, 성전 휘장이 둘로 갈라진 것보다 더 위대한 기적, 날이 어두워진 것보다 더 위대한 기적, 부활한 성도들이 거리로 쏟아져 나온 것보다 더 위대한 기적이다.

그것은 바로 용서의 기적이었다. 죄에 찌든 범죄자가 피에 젖은 구세주에게 받아들여졌다.

"오늘 네가 나와 함께 낙원에 있으리라"(눅 23:43).

우와! 불과 몇 초 전까지만 해도 그 도둑은 왕이 빵 부스러기라도 조금 주시지 않을까 하고 성문 앞에서 모자를 쥐어짜던 걸인이었다. 그런데 이제 빵 저장실 전체를 갖게 되었다.

은혜란 이런 것이다!

STUDY GUIDE

마음의 닻

그리고 이제 요청할 게 있는 또 한 사람이 등장했다. 그는 죽음을 몇 분 앞두고 왕 앞에 섰다. 그는 빵 부스러기를 요청할 참이었다. 그리고 다른 모든 사람처럼 온전한 빵을 받을 터였다.

1. 이 사람이 요청한 "빵 부스러기"는 무엇이고, 그가 받은 "온전한 빵"은 무엇인가?

2. 그가 위대한 선물을 받은 이유는 무엇인가? 이것이 은혜를 어떻게 묘사하는가?

두 사람이 같은 말을 듣고 같은 구세주를 보았는데, 어떻게 한 사람은 소망을 보고 다른 한 사람은 자기 자신밖에 보지 못하는 걸까?
참으로 설명할 길이 없는 딜레마다.

이 글이 가르치는 것의 현대적인 예를 들어 보라.

그가 한 말에는 예수님께 나아오는 사람이라면 누구나 알아야 할 두 가지 사실이 들어 있다. 그가 한 말을 다시 살펴보라. "우리는 죄를 지었기 때문에 이런 벌을 받아도 싸지만 이분은 잘못한 것이 아무것도 없다."

1. 예수님께 나아오기 위해 꼭 알아야 하는 두 가지 사실을 말해 보라.

2. 이 두 가지 사실을 아는 것이 예수님께 나아오는 데 필수 불가결한 이유는 무엇인가?

영혼의 닻

골로새서 1장 21-23절을 읽으라.

1. 그리스도인이 되기 전의 골로새 사람들은 하나님과 어떤 관계에 있었는가?(21절) 그들은 삶의 어떤 부분에서 영향을 받았는가?

2. 화해를 위해 먼저 다가간 이는 누구인가? 그가 그렇게 한 목적은 무엇인가?(22절)

3. 하나님은 어떻게 화해를 성취하셨는가? 그렇게 하신 목적은 무엇인가?(22절)

4. 하나님과 새로운 관계에 들어가려면 어떻게 해야 하는가?(23절)

5. 바울은 복음에 위대한 "소망"이 담겨 있다고 말한다. 복음에는 당신을 위한 어떤 소망이 담겨 있는가?

6. 자신이 복음의 일꾼이 되었다는 바울의 말은 무슨 뜻인가? 어떻게 하면 바울을 본받을 수 있을까?

인생의 닻

1. 하나님께서 당신의 삶 속에 두신 사람들은 누구인가? 이웃과 친구, 직장 동료, 친척들을 떠올려 보라. 그들이 당신에게서 하나님의 은혜에 관한 어떤 메시지를 듣는가? 오늘 그들 중 한 사람에게 복음의 소망을 전하는 것은 어떤가? 그 사람에게 언제 어떻게 복음을 전할지 생각해 보라.

2. 당신에게 잘못했거나 부당하게 대한 누군가를 떠올려 보라. 만일 그 사람이 당신을 찾아와 용서를 구한다면 어떻게 하겠는가? 솔직한 답변을 위해 스스로에게 다음의 질문을 던져 보라.
   ① 나는 용서하는 사람인가, 마음속에 불만을 담아 두는 편인가?
   ② 누군가 당신에게 용서를 청했던 때를 기억하는가? 그때 당신의 반응은 어떠했는가?
   ③ 용서받지 못한 적이 있는가? 만약 그렇다면, 그것이 당신이 다른 누군가를 용서하는 데 어떤 영향을 끼칠 것 같은가?

3부

닻을 내릴 지점 3

죽음은 끝이 아니다

14.

하나님 vs. 죽음

보라, 내가 너희에게 비밀을 말하노니 우리가 다 잠잘 것이 아니요, 마지막 나팔에 순식간에 홀연히 다 변화되리니(고전 15:51).

워싱턴 DC에는 딱 하루만 있을 예정이었고, 그날의 일정도 빼빽했다. 하지만 그것은 꼭 봐야 했다. 그것에 대한 책을 읽었고, 이야기를 들었고, 신문 기사와 사진을 보았지만, 내 눈으로 직접 보고 싶었다.
"시간이 없어서 10분 정도밖에 못 보실 거예요."
차로 나를 데려다주던 사람이 말했다.
"10분이면 충분합니다."
잠시 후 그는 차를 세우고 나를 내려 주었다. 잿빛 하늘에서 부슬 부슬 비가 내렸다. 나는 코트 깃을 세웠다. 벌거벗은 나무와 시든 풀이 적절한 배경이 되어 주었다. 몇 미터쯤 걸어가서 경사진 보도를 내려가자 그것이 모습을 드러냈다. 워싱턴기념비를 왼편으로, 링컨기념관을 등 뒤로 하고 서자 베트남참전용사기념관이 펼쳐졌다.

거기 한 세대를 거쳐 온 통곡의 벽이 있었다. 월터 페이스, 리처드 샐러, 마이클 앤드루스, 로이 버리스, 에밋 스탠튼…. 죽은 병사들의 이름이라기보다는 고등학교 축구팀 명단처럼 보이는 이름들이 검은색 대리석 판에 새겨져 있었다.

꽃다운 나이에 숨진 사람들. 그 각각의 이름 뒤에는 남편을 잃은 아내와 고통에 찬 어머니와 아버지를 잃은 아이가 있었다.

발밑을 내려다보니 찬비에 젖은 장미꽃 10여 송이가 놓여 있었다. 그날은 밸런타인데이 다음 날이었다. 아마도 여자친구나 아내가 찾아왔던 것인 듯했다. 아직 기억하고 있다고, 잊지 않았다고 말하기 위해서….

내 옆에 서 있던 세 사람은 얼굴 표정으로 보아 호기심에서 찾아온 것 같지는 않았다. 그들은 슬픔에 잠겨 있었다. 그중에서도 나는 가운데 있던 사람에게 눈길이 갔다. 녹색 군용 코트를 입은 그는 수염을 기른 거구의 흑인이었다. 그의 얼굴 위로 쓰라린 눈물이 흘러내렸다. 20년 묵은 감정이 아직도 출구를 찾는 중이었다.

내 뒤로 한 쌍의 남녀가 지나갔다. 그들은 석판 위의 이름을 찾고 있었다. 손에 들린 종이에는 어느 석판을 봐야 하는지 쓰여 있었다.

"찾았어요?" 여자가 물었다. "이름마다 번호가 붙어 있어요."

그 순간 나는 '그렇다. 각각의 이름에는 번호가 붙어 있고, 조만간 모든 번호가 불릴 것이다.'라는 생각이 들었다.

내가 이름을 살펴보던 것을 멈추고 기념비를 바라본 것은 그때였다. 나는 글자에서 석판으로 시선을 옮겼다. 그러자 석판에 비친 내 모습이 보였다. 나는 정신이 번쩍 들었다. 반짝이는 대리석 안의 내 얼굴이 나를 바라보고 있었다. 그것은 내가 살아 있는 한 사실상 서서히 죽어가고 있다는 것을 상기시켜 주었다. 나 역시 언젠가 묘비에 이름을 새기게 될 것이다. 언젠가는 나도 죽음을 마주하게 될 것이다.

죽음은 삶에 침입한 불량배다. 그는 골목에서 당신을 붙잡는다. 놀이터에서 당신을 비웃는다. 집으로 가는 길에서 당신을 괴롭힌다. "너도 언젠가 죽을 거야."

당신은 그가 영구차 행렬을 호위하는 것을 보게 될 것이다. 당신이 집중치료실의 이중문을 빠져나올 때 그가 대기실에서 기다리고 있을 것이다. 당신이 기아로 배가 부풀어 오른 짐바브웨(Zimbabwe) 사람들의 사진을 바라볼 때 그가 당신 가까이에 있을 것이다. 그리고 당신이 차를 운전해 가다가 고속도로 위의 금속 파편과 담요에 덮인 시신들을 지날 때 그가 당신의 표정을 바라보고 있을 것이다.

그는 "너의 때가 다가오고 있어."라며 잽을 날린다.

그럴 때마다 우리는 그가 틀렸음을 입증하려고 노력한다. 그래서 조깅을 하고, 다이어트를 하고, 역기를 들어 올리고, 골프를 친다. 우리는 잘해야 죽음을 조금 미룰 뿐이라는 것을 알면서도 죽음을 피하려고 애쓴다.

"모든 사람에게는 번호가 붙어 있지."

죽음이 우리에게 상기시킨다. 모든 번호가 불릴 것이다. 죽음은 당신을 마음 졸이게 할 것이다. 그는 불시에 찾아올 것이다. 당신을 두려움 속에 가둬 놓을 것이다. 당신에게서 청춘의 기쁨과 말년의 평온을 앗아갈 것이다. 그리고 당신으로 하여금 죽는 게 너무도 두려운 나머지 사는 법을 배우지 못하게 만들 것이다.

그러므로 절대 죽음과 홀로 대면해서는 안 된다. 그 불량배는 당신이 상대하기에 너무 크다. 당신에게는 큰형이 필요하다.

다음 구절을 읽고 힘을 내라. "자녀들은 살과 피를 가졌기 때문에 예수님도 그들과 마찬가지로 인간성을 지니셨습니다. 이것은 자신의 죽음을 통해서 죽음의 권세를 잡은 마귀를 멸망시키고 일생 동안 죽음의 공포에서 종살이하는 모든 사람들을 해방시키시기 위한 것입니다"(히 2:14-15, 현대인의성경).

예수님은 죽음의 가면을 벗기시고 그의 정체(보디빌더의 옷을 입은 체중 45킬로그램의 약골)를 밝히셨다. 예수님은 이 사기꾼을 참지 못하셨다. 죽음이 삶에 베일을 덮어씌우는 것을 보시며 가만히 앉아 계실 수가 없었다.

사실 장례식에서 어떻게 행동해야 할지를 배우고 싶다면 예수님에게서 본보기를 찾지 말아야 한다. 예수님은 참석하신 장례식마다 훼방을 놓으셨다.

인명구조원은 사람이 물에 빠져 허우적댈 때 가만히 앉아 있을 수 없다. 교사는 학생이 혼란스러워할 때 그를 돕지 않을 수 없다. 예수님은 장례식을 보시고 아무것도 하지 않으실 수 없었다.

지금부터 우리는 예수님이 죽음과 마주할 때 어떻게 하시는지를 보게 될 것이다. 형제자매가 죽음이라는 불량배에게 얻어맞는 것을 보고 예수님께서 눈물 흘리시는 것을 보게 될 것이다. 죽음이라는 원수를 만났을 때 그분이 두 주먹을 불끈 쥐시는 것을 보게 될 것이다. 그리고….

이제 페이지를 넘겨 직접 보기 바란다. 당신은 그리스도인이 그 불량배와 맞서 죽음은 끝이 아니라고 주장할 수 있는 이유를 알게 될 것이다.

STUDY GUIDE

마음의 닻

내가 이름을 살펴보던 것을 멈추고 기념비를 바라본 것은 그때였다. 나는 글자에서 석판으로 시선을 옮겼다. 그러자 석판에 비친 내 모습이 보였다. 나는 정신이 번쩍 들었다. 반짝이는 대리석 안의 내 얼굴이 나를 바라보고 있었다. 그것은 내가 살아 있는 한 사실상 서서히 죽어가고 있다는 것을 상기시켜 주었다. 나 역시 언젠가 묘비에 이름을 새기게 될 것이다. 언젠가는 나도 죽음을 마주하게 될 것이다.

1. 당신은 언제 죽음을 떠올리는가?

2. 당신 자신의 죽음을 생각할 때 어떤 느낌이 드는가? 그런 느낌이 드는 이유는 무엇인가?

예수님은 죽음의 가면을 벗기시고 그의 정체(보디빌더의 옷을 입은 체중 45킬로그램의 약골)를 밝히셨다. 예수님은 이 사기꾼을 참지 못하셨다. 죽음이 삶에 베일을 덮어씌우는 것을 보시며 가만히 앉아 계실 수가 없었다.

1. 죽음은 어떤 점에서 "사기꾼"인가? "보디빌더의 옷을 입은 체중 45킬로그램의 약골"이라는 말은 무슨 뜻인가?

2. 예수님은 왜 "가만히 앉아 계실 수가 없었"는가?

사실 장례식에서 어떻게 행동해야 할지를 배우고 싶다면 예수님에게서 본보기를 찾지 말아야 한다. 예수님은 참석하신 장례식마다 훼방을 놓으셨다.

1. 이 문장을 보면서 미소 짓게 되는 이유는 무엇인가?

2. 예수님은 모든 장례식에 훼방을 놓으심으로써 무엇을 말씀하시고자 했는가? 그것이 얼마나 중요한 것인가?

영혼의 닻

히브리서 2장 14-16절을 읽으라.

1. 그리스도께서 육신을 입고 오셔서 십자가에서 돌아가신 두 가지 이유는 무엇인가?(14-15절)

2. 그리스도의 죽음이 하나님께서 마귀를 멸하시는 수단이 되었다는 것이 어떻게 아이러니한가?

3. 죽음이 어떻게 사람들을 노예로 만드는가? 당신은 죽음의 노예인가? 그 이유는 무엇인가? 당신이 죽음의 노예가 아니라면, 그 이유는 무엇인가?

4. "아브라함의 자손"은 누구인가?(로마서 4장 16-17절과 갈라디아서 3장 26-29절도 보라)

5. 구원받은 사람들은 천사들에 비해 어떤 이점이 있는가?(16절)

인생의 닻

1. 복음이 불러온 결과 중 흥미진진한 것 하나는 그리스도인이 죽음을 두려워할 필요가 없다는 것이다. 죽음은 사기꾼이다. 이번 주에 이 진리를 기뻐하는 시간을 가지라. 고린도전서 15장 51-57절을 찾아보라. 죽음을 이기시는 하나님의 놀라운 능력으로 인해 힘을 얻을 수 있기를 구하며 이 구절을 묵상하라.

2. 이 장을 읽고 나서 당신이 죽음을 두려워하고 있음을 깨닫게 되었다면 다음의 제안을 실천함으로써 믿음을 굳건히 하라.
   ① 다른 사람에게 당신의 두려움에 대해 이야기하라. 이성적인 생각과 비이성적인 생각을 구분할 수 있도록 그에게 도움을 청하라. 당신이 극복해야 할 두려움의 목록을 만들라.
   ② 죽음을 앞두고 하나님께서 주시는 평화를 경험한 사람을 찾아보라. 그에게 어떤 느낌이 드는지, 그 이유는 무엇인지 물어보라. 그에게서 어떤 것을 배울 수 있는가?

15.

환상인가, 실제인가?

두 무리의 사람이 있다. 한 무리는 성 안으로 들어가는 중이고 다른 한 무리는 성 밖으로 나오는 중이다. 그들은 극명한 대조를 이룬다.

방금 도착한 그룹은 웃음소리와 대화가 끊이지 않는다. 그들은 예수님을 따르는 사람들이다. 성 밖으로 나오는 사람들은 엄숙하다. 그들은 슬픔에 잠긴 장례 행렬이다. 그들이 떠메고 있는 고리버들로 만든 들것에는 차가운 시신이 놓여 있다.

행렬의 맨 뒤에 있는 사람이 죽은 청년의 어머니다. 그녀는 전에도 이 길을 걸은 적이 있다. 남편을 묻은 게 엊그제 같다. 그때는 아들과 함께 걸었다. 그러나 지금은 혼자다. 그녀는 이 장례식의 희생자다.

그녀에게는 이제 어깨를 감싸 안아 줄 사람이 없다. 오늘 밤 그녀는 빈집에서 혼자 잠들 것이다. 그녀는 한 사람분의 음식을 준비하고, 대화할 사람도 없이 혼자 식사할 것이다. 그녀는 가장 소중한 보물, 곧 가족과 함께하는 삶을 도둑맞았다.

예수님의 제자들이 운구 행렬이 지나가도록 길을 비켜 준다. 제자들 사이에서 웃음소리가 잦아든다. 아무도 말을 하지 않는다. 그들이 무슨 말을 할 수 있겠는가? 그들은 여느 장례식에 참석한 사람들과 똑같은 감정을 느낀다. '언젠가 나도 죽겠지….'

누구도 개입하지 않는다. 그들이 무엇을 할 수 있겠는가? 그들이 할 수 있는 것이라곤 가만히 서서 지켜보는 것뿐이다.

그러나 예수님은 무슨 말을 해야 하고 무엇을 해야 할지 아신다. 죽은 청년의 어머니를 보신 예수님은 가슴이 무너져 내리셨다. 그래서 입을 앙 다무신 채 죽은 청년 위에 떠도는 죽음의 천사를 노려보셨다. '이번에는 안 된다, 사탄아. 이 아이는 내 것이다.'

그 순간 죽은 청년의 어머니가 예수님 쪽으로 걸어왔다. 예수님께서 그녀에게 말씀하셨다. "울지 마시오." 그녀는 이 낯선 사람의 얼굴을 들여다보았다. 모르는 사람의 이 주제넘은 요청에 놀라지 않았다면 주변의 다른 사람들이 놀랐을 것이다.

울지 말라고? 울지 말라고? 어떻게 이런 요청을 할 수 있는가!

그것은 오직 하나님만이 하실 수 있는 요청이다.

예수님은 들것이 있는 쪽으로 다가가 들것을 만지셨다. 운구 행렬이 멈춰 서고 탄식과 신음 소리가 멎었다. 예수님께서 청년을 바라보실 때 모두가 숨을 죽였다.

마귀는 거미처럼 청년의 시신 위에 붙어 있었다. 그는 행진을 즐기는 중이었다. 그는 간수이고 사람들은 죄수였다. 그는 죄수들을 처형장까지 호송하는 중이었다. 사람들은 그들의 유한성에 갇힌 채 보이지 않는 창살 너머를 내다보고 있었다. 마귀는 그들의 얼굴에 떠오른 두려움을 감상했다. 그리고 그들의 절망에 낄낄댔다.

그때 그 목소리가 들려왔다. 마귀는 그 목소리의 주인공이 누군지 안다. 그래서 등을 활처럼 휘며 본능적으로 쉿 소리를 냈다.

마귀는 뒤를 돌아보았다. 그는 다른 사람들이 보는 것을 보지 못했다. 바로 예수님의 얼굴이었다. 또한 그는 인간의 목소리를 듣지 못했다. 그는 하나님의 분노를 보고 왕의 명령을 들었다.

"썩 물러가거라."

마귀는 이 말을 두 번 들을 필요도 없었다.

예수님은 죽은 청년에게 주의를 돌리셨다. 그리고 차분한 목소리로 말씀하셨다. "청년아, 일어나라."

죽은 사람이 살아날 때 산 자들은 꼼짝도 않고 서 있었다. 딱딱하게 굳어 있던 손가락이 움직이고 잿빛으로 변한 뺨에 핏기가 돌았다. 죽은 사람이 일어나 앉았다.

그다음에 일어난 일에 대한 누가의 묘사는 우리의 마음을 사로잡는다.

"예수께서 그를 어머니에게 주시니"(눅 7:15).

당신 같으면 이럴 때 어떤 기분일 것 같은가? 무엇을 할 것 같은가? 당신이 죽은 아들을 보고 있을 때 낯선 사람이 당신에게 울지 말라고 말한다. 애도하기를 거절한 그 사람이 마귀의 허세에 도전하여 죽음을 소환함으로써 당신을 충격에 빠뜨린다. 갑자기 당신은 빼앗긴 것을 돌려받는다. 도둑맞은 것을 되찾는다. 포기했던 것을 얻는다.

모자가 포옹할 때 예수님은 분명 미소를 지으셨을 것이다.

깜짝 놀란 사람들이 환호하며 박수를 친다. 서로를 껴안고 예수님의 등을 두드린다. 누군가 부인할 수 없는 사실을 선포한다. "하나님께서 자기 백성을 돌보셨다"(눅 7:16).

예수님은 여인에게 아들 이상의 것을 주셨다. 놀라운 비밀을 알려 주셨다. "저것은…." 하고 예수님께서 들것을 가리키며 속삭이신다. 그리고 "환상이야. 여기 이 아이가…."라고 말하는 여인을 향해 청년의 어깨에 팔을 두르시고 씩 웃으며 말씀하신다. "실제라오."

STUDY GUIDE

마음의 닻

예수님의 제자들이 운구 행렬이 지나가도록 길을 비켜 준다. 제자들 사이에서 웃음소리가 잦아든다. 아무도 말을 하지 않는다. 그들이 무슨 말을 할 수 있겠는가? 그들은 여느 장례식에 참석한 사람들과 똑같은 감정을 느낀다. '언젠가 나도 죽겠지….'
누구도 개입하지 않는다. 그들이 무엇을 할 수 있겠는가? 그들이 할 수 있는 것이라곤 가만히 서서 지켜보는 것뿐이다.

1. 당신이 마지막으로 참석한 장례식을 떠올려 보라. 당신이 그곳에서 본 것과 이 글의 어떤 부분이 비슷한가?

2. 당신 자신의 죽음에 대해 생각해 보라. 마음이 불편한가? 그 이유는 무엇인가?

당신 같으면 이럴 때 어떤 기분일 것 같은가? 무엇을 할 것 같은가? 당신이 죽은 아들을 보고 있을 때 낯선 사람이 당신에게 울지 말라고 말한다. 애도하기를 거절한 그 사람이 마귀의 허세에 도전하여 죽음을 소환함으로써 당신을 충격에 빠뜨린다. 갑자기 당신은 빼앗긴 것을 돌려받는다. 도둑맞은 것을 되찾는다. 포기했던 것을 얻는다.

1. 이 글의 첫 번째와 두 번째 질문에 답하라.

2. 이 사건에서 예수님은 어떻게 행동하셨는가? 그리고 제자들은 어떻게 행동했는가?

예수님은 여인에게 아들 이상의 것을 주셨다. 놀라운 비밀을 알려 주셨다. "저것은…." 하고 예수님께서 들것을 가리키며 속삭이신다. 그리고 "환상이야. 여기 이 아이가…."라고 말하는 여인을 향해 청년의 어깨에 팔을 두르시고 씩 웃으며 말씀하신다. "실제라오."

예수님께서 여인에게 속삭이신 비밀을 당신 자신의 말로 설명해 보라.

영혼의 닻

누가복음 7장 11-17절을 읽으라.

1. 예수님은 아들을 잃고 슬퍼하는 어머니를 보시고 어떻게 반응하셨는가?(13절)

2. 기적을 행하시기 전에 예수님께서 그 어머니에게 믿으라고 요청하셨는가?

3. 본문에는 나와 있지 않지만, 예수님께서 청년을 살리신 후 그 청년이 뭐라고 했을 것 같은가?(15절)

4. 사람들은 예수님이 행하신 기적에 어떻게 반응하였는가?

5. 사람들은 예수님이 누구신지 온전히 이해했는가? 그들이 온전히 이해했는지 어떻게 알 수 있는가?

6. 오늘날의 신자들이 그 당시 사람들만큼 "예수께 대한 이 소문"을 전파하는 데 열심인 것처럼 보이지 않는 이유는 무엇인가?(17절)

인생의 닻

1. 당신이 아는 사람 중에 죽어 가는 사람이나 최근에 소중한 사람을 잃은 사람이 있는가? 그의 기운을 북돋기 위해 당신이 할 수 있는 것은 무엇인가? 다음의 제안을 참고하라.
   ① 그에게 이 책의 3부를 읽어 주라.
   ② 그와 함께 시간을 보내면서 그가 두려워하는 것들에 대해 들어 주라.
   ③ 그 두려움들에 대해 기도하라.
   ④ 그를 위해 기도하고, 그가 혼자라는 느낌이 들지 않도록 계속해서 그와 연락하라.

2. 죽어 가는 사람을 돕기 위해 당신이 할 수 있는 실제적인 일을 목록으로 만들라. 다음의 예를 참고해도 좋다.
   ① 음식을 만들어 주고 차를 운전해 준다.
   ② 다른 사람들과의 의사소통을 돕는다.
   ③ 아이들을 돌봐 준다.
   ④ 재정적인 문제의 정리를 돕거나, 도와줄 사람을 알아봐 준다.

때가 되면 도울 수 있도록 이 목록을 평소에 자주 사용하는 곳에 놓아 두라.

3. 사랑하는 사람의 죽음을 경험한 적이 없다면 당신은 상을 당하여 슬퍼하는 사람들을 대하는 것이 불편할 것이다. 이 주제에 관한 고전으로 조 베일리(Joe Bayley)의 『우리가 가장 마지막에 이야기하는 것』(The Last Thing We Talk About)이 있다. 읽으면 도움이 될 것이다.

16.

영원의 불꽃

월러스는 중요한 사람이었다. 예컨대 축구대회 때 기도회를 인도하거나 라이온스클럽 회장직을 맡을 만한 사람이었다.

고위 성직자인 그는 손에 굳은살 하나 없었고, 예배당 바로 옆에 멋진 사무실을 가지고 있었다. 그의 비서는 활력이 조금 부족해 보였지만, 월러스는 그렇지 않았다. 그에게는 상담을 받으러 오는 사람의 걱정을 녹여 버릴 만큼 따뜻한 미소가 있었다. 그는 가죽으로 된 회전의자에 앉았고, 사무실 벽에는 학위와 그 밖의 증서들이 걸려 있었다. 그가 경청하는 태도에는 내담자로 하여금 다른 누구에게도 말하지 못한 비밀을 털어놓고 싶게 만드는 무언가가 있었다.

뿐만 아니라 그는 좋은 사람이었다. 그의 결혼생활은 완벽하지는 않아도 대체로 만족할 만했다. 그의 교회는 언제나 사람들로 가득했으며, 그는 널리 존경을 받았다. 그는 골프를 좋아했고, 교회에서는 핸디가 15인 그에게 봉직 20년을 기념하며 컨트리클럽 회원권을 선물했다. 사람들은 거리에서도 그를 알아보았고, 부활절과 성탄절에는 그의 설교를 듣기 위해 몰려왔다. 그의 은퇴계좌에는 잔고가 점점 불어났고, 그가 성직 가운을 벗고 달콤한 와인과 좋은 책을 벗하며 가을을 즐기게 될 날이 10년도 채 남지 않았다.

설령 그가 죄를 지었다 해도 그것을 아는 사람은 아무도 없었다. 그에게 두려움이 있었다 해도 그것을 아는 사람이 아무도 없었다(아마도 이것이 그의 가장 큰 죄였을 것이다).

월러스는 사람들을 사랑했다. 하지만 그날 아침, 그는 아무도 만나고 싶지 않았다. 그는 혼자 있고 싶었다. 비서에게 그 시간 이후로 전화를 연결하지 말라고 했다. 비서는 그것을 특이한 일로 여기지 않았다. 그가 그날 오전 내내 전화기에 매달려 있었기에 '연구할 시간이 필요한가보다.'라고 생각했다. 그녀의 생각은 부분적으로 옳았다. 월러스는 오전 내내 전화 통화를 했고, 그래서 시간이 필요했다. 그러나 연구할 시간이 필요한 것은 아니었다. 그에게는 울 시간이 필요했다.

월러스는 책상 뒤 마호가니 장식장 위에 놓여 있는 사진을 보았다. 눈물 고인 눈으로 그의 열두 살 된 딸을 바라보았다.

치열 교정기를 한 딸아이는 땋은 머리에 주근깨투성이의 얼굴을 하고 있었다. 딸아이는 그의 아내를 닮았다. 특히 푸른 눈과 갈색 머리, 들창코가 그랬다. 월러스에게서 가져간 것은 그의 마음뿐이었다. 딸아이는 그의 마음을 앗아갔다. 하지만 월러스는 그것을 돌려 달라고 할 생각이 없었다.

그 아이가 외동딸은 아니었지만 막둥이였다. 그리고 고명딸이었다. 월러스는 어린 딸 주위에 보호 장벽을 쳤다. 아마도 지난 며칠간 그토록 가슴이 아팠던 것도 그것 때문이었을 것이다. 그 장벽이 허물어졌던 것이다.

그 일은 엿새 전에 시작되었다. 딸아이가 열이 나고 몸살 기운이 있어서 학교에서 조퇴했다. 아내는 감기인 줄 알고 아이를 침대에 눕혔는데, 밤이 되자 열이 더욱 치솟았다. 다음 날 아침, 부부는 서둘러 딸아이를 병원에 데려갔다.

의사들은 당황했다. 원인이 무엇인지 정확히 집어 낼 수가 없었기 때문이었다. 그들은 아이가 아프고 점점 더 상태가 악화되어 간다는 것에만 의견이 일치했다.

월러스는 평생 그토록 심한 무력감에 빠져 본 적이 없었다. 그러한 심적 고통을 어떻게 해결해야 할지 알 수 없었다. 지금까지 강해지는 법만 익혀 왔기에 약해지는 법을 알지 못했다.

그는 전화로 딸아이의 안부를 묻는 사람들 모두에게 딸이 괜찮다고 안심시켰다. 그들 모두에게 하나님이 위대하신 분임을 확신시켰다. 자신을 제외한 모든 사람을 안심시켰다. 그러나 그의 내면은 거센 물살이 이는 강물 같았고, 곧 강둑에 금이 가기 시작했다. 둑을 무너뜨린 것은 그날 아침 의사에게서 걸려 온 전화였다. "따님이 혼수상태에 빠졌습니다."

월러스는 수화기를 내려놓고 비서에게 전화를 연결하지 말아 달라고 했다. 그러고는 장식장 위의 사진을 집어 들었다. 갑자기 '부당하다'는 말이 회전목마처럼 머릿속을 빙빙 돌았다. "이건 부당해. 이건 부당해."

월러스는 고개를 숙인 채 사진에 얼굴을 묻고 울었다. 모든 것이 잘못되었다.

"왜 열두 살 아이인가요? 대체 왜?"

그는 딱딱하게 굳은 얼굴로 창밖의 잿빛 하늘을 올려다보았다.

"차라리 저를 데려가지 그러세요?"라고 소리를 질렀다.

그는 자리에서 일어나 소파 옆에 있는 커피 테이블로 가서 내담자들을 위해 비치해 둔 티슈 상자를 집어 들었다. 코를 풀면서 창문 너머로 교회 마당을 바라보았다.

노인 하나가 신문을 읽고 있었다. 또 다른 노인이 와서 그 옆에 앉더니 자갈이 깔린 마당에 빵 부스러기를 뿌렸다. 지붕 위에서 비둘기떼가 날아와 빵 부스러기를 쪼았다.

'너희들은 내 딸이 죽어 간다는 걸 모르는 거냐? 어쩜 그렇게 아무 일 없는 것처럼 행동할 수 있지?'

16. 영원의 불꽃 ✦ 213

월러스는 딸아이에 대해 생각했다.

봄이면 날마다 하굣길에 교회에 들르곤 했다. 교회 마당에서 딸아이를 기다리다가 아이가 내려오면 함께 집으로 향하곤 했다. 어떤 때에는 딸아이가 비둘기를 쫓아다니는 소리를 듣고 집에 갈 시간이 되었음을 알아차리곤 했다. 그는 종종 하던 일을 멈추고 바로 이 창문에서 딸아이를 바라보곤 했다. 딸아이가 마치 외줄타기를 하듯 정원의 경계석 위를 걷는 것을 바라볼 때도 있었다. 딸아이가 풀밭에서 들꽃을 꺾는 모습을 바라본 날도 있었다. 아이가 어지럼증을 느낄 때까지 빙글빙글 돌다가 벌러덩 누워 하늘의 구름을 관찰하는 것을 바라보기도 했다.

"오, 우리 공주님이 왔구나. 내 딸이 왔어!"

딸아이를 보자마자 읽고 있던 책과 골칫거리를 책상 위에 쌓아 두고 아이를 만나러 내려가곤 했다.

하지만 지금은 봄이 아니고, 그의 딸도 마당에 있지 않다. 지금은 겨울이고, 그의 어린 딸은 죽어 가고 있으며, 벤치에는 두 노인이 앉아 있었다.

"사랑하는, 사랑하는 우리 공주…."

갑자기 세 번째 사람이 나타나 다른 두 사람에게 무슨 말을 하는 듯하더니 세 사람 모두 황급히 바깥으로 나갔다. 월러스는 어디서 싸움이라도 났나보다 생각했다. 그러다 문득 그 선생이 왔을 거라는 생각이 들었다.

사실 그는 거의 잊고 있었다. 그날 '예수'라는 설교자가 도착한다는 것을 말이다. 그날 아침 월러스가 집에서 나올 때 이웃집 사람이 그에게 논란 중심에 있는 그 선생을 만나러 갈 건지 물었다.

그 말을 들은 월러스는 속으로 코웃음을 쳤다. 그리고 손을 내저으며 "아니요. 오늘은 너무 바빠서요."라고 대답했다. 그는 자신이 설령 한가하더라도 떠돌이 설교자, 특히 그 '예수'라는 사람을 만나러 갈 일은 없을 거라고 생각했다.

교단에서 발행하는 잡지에서는 예수를 이단으로 낙인찍었다. 심지어 그가 미쳤다고 말하는 사람들도 있었다. 그러나 군중은 그가 인류를 위한 하나님의 선물이라도 되는 것처럼 그의 주위로 몰려들었다.

"저는 가 보려고요." 월러스는 이웃이 한 말을 속으로 되뇌어 보았다. 그러면서 속으로 생각했다. '그렇군요. 당신도 "내셔널 인콰이어러"(National Enquirer, 미국의 가십 주간지)를 구독하지 않나요?'

"사람들 말로는 그가 병을 고친다더라고요."

월러스는 이웃이 한 말을 떠올렸다. 그러고는 몸을 곧추세웠다가 이완시켰다.

"어리석게 굴지 말자"고 스스로에게 말했다.

그는 지난가을 신학교 강의에서 "믿음 치료사는 성직을 욕되게 하는 자들입니다."라고 말했다. 그리고 "그들은 기생충 같은 존재이고, 영적 사기꾼이며, 이익을 추구하는 거짓 선지자입니다."라고 덧붙였다. 그는 텔레비전에서 그런 사람들을 보았다. 그들은 더블재킷을 입고 분칠한 얼굴로 마네킹 같은 미소를 띠고 있었다.

월러스는 고개를 저으며 책상으로 돌아가 사진을 집어 들었다. 그리고 죽어 가는 아이의 얼굴을 바라보았다. "사람들 말로는 그가 병을 고친다더라고요."

월러스는 어떻게 하는 게 좋을지 생각해 보았다. '내가 가면 사람들 눈에 띌 테고, 그러면 문제가 되겠지. 하지만 아이가 죽어 가는 마당에 그 사람이 정말로 뭔가를 할 수 있다면….'

간절한 바람이 체면을 이겼다. 그는 결국 어깨를 으쓱하며 말했다. "선택의 여지가 없어!"

그날 오후에 있었던 일은 월러스의 인생을 바꿔 놓았다. 그는 기회가 있을 때마다 그 이야기를 했다.

나는 버스터미널 주변을 세 바퀴나 돈 후에야 간신히 주차 공간을 찾았다. 주차요금 징수기에 넣을 동전을 찾아 주머니를 뒤적이는 동안 찬바람에 귀가 에이는 듯했다. 나는 코트 단추를 끝까지 채운 뒤 바람을 정통으로 맞으며 걸었다.

창문에 아직 연말연시 인사말이 잔뜩 붙어 있는 전당포를 지났다. 누군가 술집에서 나왔고, 꽉 끼는 바지를 입은 십대 열댓 명이 벽돌 벽에 기대어 서 있었다.

한 사람이 내 발에 담뱃재를 튀겼다. 청바지에 가죽점퍼를 입은 세 남자가 드럼통에 피워 놓은 불에 손을 녹이고 있었다. 내가 지나가는 모습을 보며 그중 한 명이 킬킬거렸다.

"저기 좀 봐. 동물보호소의 푸들이 따로 없어."

나는 돌아보지 않았다. 그가 나에 대해 한 말인지 아닌지도 알고 싶지 않았다.

기분이 묘했다. 내가 이쪽 동네에 와 본 것은 몇 년 만이었다. 약국 유리창에 비친 내 모습이 눈에 들어왔다. 모직 코트에 정장 구두, 회색 양복과 붉은 넥타이. 사람들이 쳐다보는 게 당연했다. 그들의 눈빛에서 '저 양복쟁이가 이 동네에 왜 온 거지?' 하는 의문이 읽혔다. 버스터미널은 인산인해였다. 나는 간신히 문을 열고 들어갔다.

터미널 안으로 들어가자 밖으로 나올 수가 없었다. 사람들의 머리가 호수 위의 코르크 마개처럼 둥둥 떠다녔다. 모두가 홀을 가로질러 버스에서 내린 사람들이 들어오는 입구 쪽으로 가려 했다. 나는 가까스로 인파를 헤치고 앞으로 갔다. 사람들은 그저 호기심에서 왔지만 나는 필사적이었다.

창가에 도달했을 때 예수님을 보았다. 그는 버스 근처에 서 있었는데, 인파 때문에 겨우 두세 걸음밖에 전진하지 못했다.

그는 너무 평범해 보였다. 팔꿈치에 천을 덧댄 코듀로이 재킷을 입고 있었고, 바지는 새것이 아니었지만 근사했다. 살짝 벗어진 이마 위로 갈색 곱슬머리가 물결치는 듯했다. 그의 목소리는 들리지 않았지만 얼굴은 볼 수 있었다. 그는 눈썹이 짙었다. 반짝이는 눈동자와 미소를 머금은 입가가 마치 방금 자신에게서 받은 생일선물을 풀어 보는 사람을 지켜보는 듯했다.

예상했던 것과는 너무도 다른 모습이어서 나는 옆에 있던 아주머니에게 그가 예수님이 맞는지 물어보았다.

"맞아요." 그녀가 미소를 지으며 말했다.

"저분이 예수님이랍니다."

예수님은 잠깐 허리를 굽혀 시야에서 사라졌다가 다시 어린아이와 함께 모습을 드러냈다. 그는 웃으며 어린아이를 높이 들어 올렸다. 아이를 들고 있는 그의 손이 마르고 거칠었다. 누군가 내게 예수님이 미시시피에서 자랐다고 말해 주었다. 투펄로의 한 기계공의 아들이라고 했다. 예수님은 아이를 내려놓고 다시 문 쪽을 향해 걷기 시작했다.

그가 터미널 안으로 들어오면 그를 데리고 밖으로 나가는 것은 불가능할 것 같았다. 나는 손바닥을 유리창에 대고 창가를 따라 걸었다. 사람들이 불평하는 소리가 들렸지만 나는 계속해서 앞으로 나아갔다.

내가 출입구에 도착했을 때 예수님도 출입구에 도착했다. 그와 눈이 마주친 순간 나는 그 자리에 얼어붙었다. 나는 할 말이 준비되어 있지 않았다. 어쩌면 예수님이 나를 알아볼 것이라고 생각했었나보다. 그가 내게 무엇을 도와주면 되겠느냐고 물어봐 줄 것이라고 생각했었나보다.

"제 딸이 아픈데, 그 아이를 위해서 기도해 주실 수….”
나는 아무 말도 할 수 없었다. 목이 메어 말이 나오지 않았다. 눈에 눈물이 고이고, 턱이 떨리고, 무릎이 고르지 못한 지면에 닿는 게 느껴졌다. "제 딸이, 제 어린 딸이… 그 애가 몹시 아픕니다. 그 애가 죽지 않도록 만져 주실 수 있을까요?”

그 말을 하자마자 후회가 되었다. 만약 그가 인간이라면 나는 그에게 불가능한 것을 부탁한 셈이다. 그리고 그가 인간 이상의 존재라면 내가 무슨 권리로 그런 부탁을 할 수 있겠는가?

나는 부끄러워서 고개를 들 수 없었다. 사람들이 어딘가로 가려 한다면 돌처럼 굳어 버린 나를 빙 돌아서 가야 할 지경이었다. 도저히 얼굴을 들 용기가 없었다.

예수님도 그것을 아시는 듯했다. 그가 나를 대신하여 내 얼굴을 들었다. 그의 손가락이 내 턱 밑에 닿는 게 느껴졌다. 그는 내 머리를 들어 올렸다. 많이 들어 올릴 필요는 없었다. 그는 무릎을 굽혀 나와 마주앉았다. 나는 그의 눈을 들여다보았다.

젊은 설교자의 시선이 마치 오랜 친구의 팔처럼 이 늙은 목사를 감싸 안았다. 그때 나는 내가 이 사람을 알고 있다는 것을 알았다. 그 눈빛을 어디에선가 본 적이 있었다. 그것은 분명 내가 아는 눈이었다.

"나를 그 아이에게 데려다주십시오.” 그가 나를 부축해 일으키며 말했다. "차는 어디에 두셨나요?”

"차요? 이쪽으로 오세요!"

나는 그의 손을 붙잡고 사람들 사이로 길을 냈다. 쉽지 않은 일이었다. 나는 자유로운 손으로 마치 옥수수 밭에서 옥수숫대를 가르듯 사람들을 밀어냈다. 많은 사람의 얼굴과 부딪쳤다. 젊은 엄마들은 예수님이 자녀들을 축복해 주기 바랐고, 노인들은 병 고침을 받기 원했다.

그러다 어느 순간 그의 손을 놓쳤다. 손이 미끄러진 것이다. 걸음을 멈추고 돌아보니 예수님이 가만히 서서 주위를 둘러보았다. 그가 갑자기 멈춰 서자 사람들은 놀라서 조용해졌다. 나는 그의 얼굴이 창백해진 것을 알아차렸다. 그가 혼잣말을 하듯 중얼거렸다.

"누군가 나를 만졌다."

"뭐라고요?" 그의 제자 중 하나가 물었다.

"누군가 나를 만졌다."

나는 그가 농담을 한다고 생각했다. 그는 돌아서서 사람들 하나하나의 얼굴을 찬찬히 살폈다. 나는 그가 화가 난 건지, 아니면 즐거워하는 건지 알 수 없었다. 그는 그가 알지 못하지만 보면 알 수 있는 누군가를 찾고 있었다.

"저예요." 내 옆에서 누군가가 말했다. 예수님이 돌아보았다.

"제가 그랬어요. 죄송합니다." 사람들이 커튼처럼 양쪽으로 갈라지면서 그 사이로 한 소녀가 보였다. 내가 만일 그녀의 팔뚝을 잡는다면 엄지가 검지에 닿을 정도로 가냘픈 소녀였다. 그녀는 피부색이 짙었고, 수십 가닥으로 땋은 머리끝을 구슬로 장식하고 있었다. 코트를 입지 않은 몸을 팔로 감싸 안고 있었다. 추위 때문이기도 하지만, 두려움 때문에 손으로 앙상한 팔꿈치를 부여잡고 있었다.

"무서워하지 말아요." 예수님이 그녀를 안심시켰다. "무슨 문제가 있나요?"

"저는 에이즈 환자입니다."

내 뒤에 있던 누군가가 "헉!" 하고 숨을 내쉬었고, 몇몇 사람은 뒤로 한 발짝 물러섰다.

예수님은 그녀에게 다가갔다. "자세히 이야기해 보세요."

소녀는 예수님을 쳐다보았다가 주변 사람들을 쳐다본 후 침을 꿀꺽 삼키고 말했다.

"저는 돈도 다 떨어졌고, 살날도 얼마 안 남았어요. 여기 말고 달리 갈 데도 없어요. 하지만 이제…."

그녀는 눈을 내리깔고 미소를 짓기 시작했다. 방금 누군가가 그녀의 귀에 좋은 소식을 속삭이기라도 한 것처럼 말이다.

나는 예수님을 돌아보았다. 그런데 예수님 역시 미소를 짓고 있는 게 아닌가! 두 사람은 마치 교사의 질문에 대한 답을 아는 단 두 명의 학생처럼 마주보며 미소를 짓고 있었다.

그때 나는 또다시 그 눈빛을 보았다. 불과 몇 분 전에 내가 땅에 꿇어앉아 고개를 들었을 때 내게로 향했던 것과 똑같은 시선이 소녀를 향하고 있었다. 분명 전에 본 적 있는 눈빛이었다.

어디였더라? 내가 그 눈빛을 어디서 보았더라?

나는 고개를 돌려 소녀를 바라보았다. 소녀도 나를 바라보았다. 나는 그녀에게 뭔가 말하고 싶었다. 그녀도 같은 마음인 듯했다.

우리는 아주 많이 달랐지만 갑자기 모든 면에서 비슷하게 느껴졌다. 그녀는 밤마다 애인을 만나러 다녔고, 팔에는 주삿바늘 자국이 가득했다.

반면 나는 손톱이 깨끗했고, 늘 설교를 구상하느라 바빴다. 나는 평생 사람들에게 그녀처럼 되지 말라고 말해 왔고, 그녀는 평생 나 같은 위선자를 피해 왔다.

하지만 이제 우리는 똑같이 죽음이라는 적에게 내몰려, 지금 우리가 붙들고 있는 닳아빠진 밧줄에 계속해서 매달려 있을 수 있도록 이 시골 설교자가 밧줄 끝에 매듭을 지어 주기를 간절히 바라고 있었다.

예수님이 말했다. "당신의 믿음이 당신을 구했어요. 이제 가서 삶을 즐기세요."

소녀는 기쁨을 감추지 못했다. 미소 띤 얼굴로 예수님을 돌아보고는 그의 뺨에 입을 맞췄다.

사람들은 웃음을 터뜨렸고, 예수님은 얼굴을 붉혔다. 소녀는 어딘가로 사라져 갔다.

나는 미처 몰랐지만 예수님이 말하는 동안 몇몇 사람이 사람들 사이를 비집고 우리에게 나아왔다. 그들은 내 뒤에 서 있었다. 그들의 목소리를 듣는 즉시 나는 그들이 누군지 알았다. 바로 우리 교회 교인들이었다.

그들 중 한 사람이 내 어깨에 손을 얹으며 말했다. "더 이상 이 선생님을 괴롭힐 필요가 없습니다. 따님이 세상을 떠났어요."

그 말은 나에게 화살처럼 날아왔다. 하지만 그 화살이 박히기 전에 예수님이 가로챘다. "두려워 마세요. 나를 믿으세요."

그다음 몇 분간은 무슨 일이 있었는지 잘 기억이 나지 않는다. 우리는 인파를 헤치고 나아가 내게 딸아이의 소식을 전해 준 사람의 차에 올라탔다. 그리고 병원을 향해 달렸다.

대기실 안은 몹시 혼란스러웠다. 이미 교인들과 이웃들, 친구들이 모여 있었다. 울음을 터뜨리는 사람들도 있었다. 아내는 창백한 얼굴로 말없이 앉아 있었다. 그녀의 눈시울이 붉었고, 떨리는 손으로 흐르는 눈물을 닦아 냈다.

내가 들어가자 사람들이 위로하러 다가왔다. 예수님이 그들 앞에 서자 걸음을 멈추고 이 낯선 사람을 빤히 쳐다보았다.

"왜들 울고 있나요?" 예수님이 말했다. "이 아이는 죽지 않았습니다. 잠들었을 뿐이에요."

사람들은 깜짝 놀랐다. 모욕당했다고 느꼈기 때문이다.

"어떻게 그런 말을!" 누군가 외쳤다.

"대체 당신은 누구요?"

"이자를 끌어냅시다!"

그러나 예수님은 그곳을 떠날 생각이 전혀 없었다. 그는 뒤로 돌아서는 듯하더니 어느새 내 딸의 병실 앞에 서 있었다. 우리에게 따라오라는 신호를 했고, 우리는 그대로 했다.

우리 여섯 명은 딸아이가 누워 있는 침대 옆에 섰다. 딸아이는 얼굴이 잿빛이었고 입술이 바싹 말라 있었다. 손을 만져 보니 차가웠다. 내가 아무 말도 하지 못하자 예수님이 내 손을 잡았다. 그 순간을 제외하곤 예수님은 내 딸에게서 잠시도 눈을 떼지 않았다. 나를 바라보았던 그 순간, 나는 그의 눈빛과 희미한 미소에서 전에 본 듯한 느낌을 받았다. 그는 내게 선물을 건네며 내가 그 선물을 풀어 보기만을 기다리는 중이었다.

"공주님," 예수님이 속삭이듯 부드러운 목소리로 말했다.

"일어나야지!"

그 소리를 듣기라도 한 것처럼 딸아이가 고개를 살짝 돌렸다. 예수님은 한 걸음 뒤로 물러섰다. 딸아이는 몸을 일으켜 똑바로 앉은 뒤 천천히 눈을 떴다. 그리고 맨발을 바닥에 내려놓은 후 자리에서 일어섰다.

아내와 내가 우리에게 걸어오는 딸아이를 지켜보는 동안 아무도 움직이지 않았다. 우리는 딸아이를 끌어안았다. 이 순간이 영원히 끝나지 않기를 바랐다. 한편으로는 이건 현실이 아닐 거라고 믿었고, 다른 한편으로는 이게 꿈이 아니길 소원했다. 하지만 그것은 분명한 현실이었다.

"아이에게 먹을 것을 가져다주는 게 좋겠어요." 예수님이 미소를 지으며 말했다. "배가 많이 고플 테니까요." 그러고는 돌아서서 나가려고 했다.

나는 예수님에게 다가가 그의 어깨를 만졌다. 그리고 진심을 담아서 말했다. "선생님의 호의에 보답하고 싶습니다. 제가 선생님께 도움이 될 만한 사람들을 소개시켜 드리지요. 설교를 하시기에 적당한 장소도 알아봐 드리고요."

그러나 예수님은 "이 일은 우리끼리만 알고 있기로 하지요."라고 말한 뒤 세 명의 말없는 친구와 함께 떠났다.

그날 이후로 나는 몇 주 동안 몹시 혼란스러웠다. 물론 기쁘기 한량없었다.

하지만 기쁘면서도 어찌된 일인지 궁금했다. 어디를 가든 그의 얼굴이 보였다. 그의 눈빛이 나를 따라다녔다. 이 글을 쓰고 있는 지금도 나는 그 눈빛을 볼 수 있다.

살짝 젖혀진 고개, 짙은 눈썹 아래로 기대에 찬 반짝이는 눈동자, "이리 와요. 내가 비밀을 알려 줄게요."라고 말하는 듯한 눈빛.

이제 나는 그 눈빛을 어디서 보았는지 안다. 아니, 사실 나는 그 눈빛을 다시 보았다. 그것도 몇 번이나 말이다.

어제 방문한 암환자에게서 나는 그 눈빛을 보았다. 그녀는 항암치료를 받느라 머리카락이 다 빠지고 눈이 퀭했다. 자다 일어난 그녀는 나를 알아보았다. 그러고는 안부 인사도 생략한 채 눈썹을 살짝 들어 올리고 "나는 준비됐어요, 월러스. 떠날 준비가 됐어요."라고 말했다. 그때 그녀의 눈 속에 그 불꽃이 일렁였다.

지난주에 장례식을 인도할 때도 나는 그 눈빛을 보았다. 부인을 잃은 그 주름진 얼굴의 남자는 백발에 이중 초점 안경을 끼고 있었다. 그는 울지 않았다. 오히려 그가 미소 짓는 것을 한 번 본 것 같기도 하다. 장례 후 그와 악수를 나눌 때 그가 이렇게 말했다.

"제 걱정은 하지 마세요." 그러고는 내게 가까이 오라고 손짓하더니 내 귀에 이렇게 속삭였다.

"저는 아내가 어디에 있는지 안답니다."

하지만 그 눈빛을 가장 분명하게 본 것은 오늘 아침이었다. 나는 며칠간 딸아이에게 물어보고 싶었지만 그럴 기회가 없었다. 그런데 오늘 아침에 드디어 기회가 왔다. 아침 식탁에는 우리 둘뿐이었다. 딸아이는 시리얼을 먹고 있었고 나는 신문을 읽고 있었다. 나는 고개를 들어 딸아이를 바라보았다.

"공주님?"

"네?"

"거긴 어땠어?"

"어디요?"

"네가 혼수상태에 빠졌을 때 가 있던 곳 말이야. 거긴 어땠어?"

딸아이는 아무 말도 하지 않았다. 고개를 살짝 돌려 창밖을 바라보았다. 그러고는 다시 얼굴을 내게로 향했다.

그 순간 딸아이의 눈 속에 그 불꽃이 있었다. 딸아이는 입을 열었다 닫았다. 그리고 다시 열었다. "그건 비밀이에요, 아빠. 너무 좋아서 말로는 표현할 수 없는 비밀이요."

딸아이는 고통 대신 평안이 있고, 위기의 한가운데에 확신이 있으며, 희망이 절망을 밀어내는 곳이라고 눈빛으로 말하고 있었다. 그것은 언젠가 죽을 운명인 모든 인간의 질문, '죽으면 그것으로 끝인가?'에 대한 답을 아는 눈빛이었다.

나는 예수님이 "절대 그렇지 않다"고 대답하시며 눈을 찡긋하시는 것을 볼 수 있었다. [5]

---

[5] 이 이야기는 막 5:22-43; 마 9:18-26; 눅 8:41-56을 바탕으로 쓴 것이다.

STUDY GUIDE

마음의 닻

월러스는 평생 그토록 심한 무력감에 빠져 본 적이 없었다. 그러한 심적 고통을 어떻게 해결해야 할지 알 수 없었다. 지금까지 강해지는 법만 익혀 왔기에 약해지는 법을 알지 못했다. 그는 전화로 딸아이의 안부를 묻는 사람들 모두에게 딸이 괜찮다고 안심시켰다. 그들 모두에게 하나님이 위대하신 분임을 확신시켰다. 자신을 제외한 모든 사람을 안심시켰다.

1. '강한' 사람들이 자신의 연약함을 내보이는 것을 힘들어하는 이유가 무엇이라고 생각하는가? 이것이 약점으로 작용할 때가 있는가?

2. 하나님이 평소에 생각했던 것만큼 위대하게 느껴지지 않을 때가 있는가? 언제 그러한지 설명해 보라.

월러스는 어떻게 하는 게 좋을지 생각해 보았다. '내가 가면 사람들 눈에 띌 테고, 그러면 문제가 되겠지. 하지만 아이가 죽어 가는 마당에 그 사람이 정말로 뭔가를 할 수 있다면….'
간절한 바람이 체면을 이겼다. 그는 결국 어깨를 으쓱하며 말했다. "선택의 여지가 없어!"

1. 당신도 월러스처럼 절망적일 때가 있었는가? 무슨 일 때문이었는가?

2. 사람들이 힘든 상황 속에서 예수님께로 나아오는 이유는 무엇인가?

그는 너무 평범해 보였다. 팔꿈치에 천을 덧댄 코듀로이 재킷을 입고 있었고, 바지는 새것이 아니었지만 근사했다. 살짝 벗어진 이마 위로 갈색 곱슬머리가 물결치는 듯했다. 그의 목소리는 들리지 않았지만 얼굴은 볼 수 있었다. 그는 눈썹이 짙었다. 반짝이는 눈동자와 미소를 머금은 입가가 마치 방금 자신에게서 받은 생일선물을 풀어 보는 사람을 지켜보는 듯했다.

1. 오늘 예수님께서 나타나신다면 그분의 모습이 이 글에 묘사된 것과 비슷할 것 같은가? 그렇게 생각하는 이유는 무엇인가?

2. 당신은 예수님이 어떤 모습일 것 같은가?

그 말을 하자마자 후회가 되었다. 만약 그가 인간이라면 나는 그에게 불가능한 것을 부탁한 셈이다. 그리고 그가 인간 이상의 존재라면 내가 무슨 권리로 그런 부탁을 할 수 있겠는가?

1. 당신은 이 말의 어떤 부분에 동의하는가? 그리고 어떤 부분에 동의하지 않는가?

2. 예수님께서 월러스의 요청을 들어주신 것은 그분의 정체성과 관련하여 무엇을 시사하는가?

고통 대신 평안이 있고, 위기의 한가운데에 확신이 있으며, 희망이 절망을 밀어내는 곳이라고 눈빛으로 말하고 있었다. 그것은 언젠가 죽을 운명인 모든 인간의 질문, '죽으면 그것으로 끝인가?'에 대한 답을 아는 눈빛이었다. 나는 예수님이 "절대 그렇지 않다"고 대답하시며 눈을 찡긋하시는 것을 볼 수 있었다.

1. 당신은 예수님께서 죽음을 이기셨다는 것을 확신하는가? 그 이유는 무엇인가?

2. 이 질문에 대한 당신의 답이 당신의 삶에 어떤 영향을 미치는가?

영혼의 닻

마가복음 5장 21-43절을 읽으라.

1. 왜 예수님께서는 늘 큰 무리가 따르는가? 당신이 그 시대에 살았다면 당신도 그 무리 가운데 있었을 것 같은가? 그 이유는 무엇인가?

2. 예수님은 왜 자신의 옷에 손을 댄 여인이 누군지 물으셨는가? 왜 그냥 지나치지 않으셨는가?

3. 예수님께서 여인에게 하신 말씀(34절)과 야이로에게 하신 말씀(36절)의 공통점은 무엇인가?

4. 예수님께서 야이로에게는 믿음을 요구하신 반면 누가복음 7장 11-17절의 상심한 어머니에게는 그렇게 하지 않으신 이유가 무엇이라고 생각하는가? 이것은 하나님께서 일하시는 방식에 대해 무엇을 말해 주는가?

5. 예수님께서 소녀를 살리신 후 그녀에게 먹을 것을 주라고 말씀하신 것에 주목하라(43절). 이것이 예수님에 대해 무엇을 말해 주는가?

인생의 닻

1. 당신은 야이로의 요청에 예수님께서 어떻게 반응하시는지 알아차렸는가? 예수님은 바쁘신 중에도 주저 없이 그의 요청을 받아들이셨다. "이에 그와 함께 가실새"(막 5:24).
당신은 다른 사람들이 도움을 청할 때 그들의 요청을 얼마나 잘 들어주는가? 당신의 친구들이 당신을 사랑이 많은 사람, 힘들 때 기댈 수 있는 사람으로 생각하는가? 당신이 편하게 기댈 수 있는 사람은 누구인가? 그들도 당신에 대해 똑같이 생각하는가? 그 이유는 무엇인가?

2. 앞의 질문에서 당신이 편하게 기댈 수 있다고 말한 사람들을 좀 더 자세히 살펴보라. 그들에게 가까이하기 쉬운 자질이나 특성이 있는가? 이것을 적은 다음 그 부분에 대한 당신의 장점을 평가해 보라. 당신에게 변화가 필요하다고 생각되면 다음을 시도해 보라.
   ① 당신의 연약한 부분이 성장할 수 있도록 하나님의 도우심을 구하라.
   ② 오늘 당신이 개발할 수 있는 성품 한두 가지를 선택한 뒤 그 성품을 개발할 방법에 대해 생각해 보라.
   ③ 다른 사람에게 당신의 변화에 대해 평가해 달라고 부탁하라.

3. 다른 사람들이 당신에게 도움을 청할 때까지 기다리지 말고 오늘 누군가를 돕거나 격려하기 위해 당신이 할 수 있는 일을 찾아보라. 그리고 그 일을 행하라.

17.

"나사로야, 나오너라!"

　　　　　　　유명한 불가지론(인간은 신을 인식할 수 없다는 이론)자 로버트 잉거솔(Robert Ingersoll)이 죽었을 때 그의 장례식 순서지에는 다음과 같이 엄숙한 문구가 쓰여 있었다. '노래는 하지 않습니다.'

　죽음 앞에서 노래하고 싶어 하는 사람은 거의 없다. 죽음 앞에서 달아나거나 울고 싶을 수는 있어도 노래하기는 쉽지 않다. 죽음은 우리에게서 노래할 이유를 앗아간다. 우리의 입술에서 노래를 앗아 가고, 굳어진 혀와 눈물 젖은 뺨을 남겨 놓는다.

　예수님이 참석하신 장례식에도 노래는 없었다. 애도와 눈물과 비탄은 있었지만 노래는 없었다. 그 집은 주거지라기보다는 감옥 같았다. 사람들은 창백한 얼굴과 두려움이 가득한 눈으로 목적 없이 왔다 갔다 했다. 그들의 입술에는 음악도 없고 웃음도 없었다. 오로지 그들 자신의 운명을 상기시켜 주는 소식(또 한 명의 수감자가 사형수 감방에서 나와 교수대로 향했다는 소식)만 있었다. 나사로는 죽었다. 그리고 사람들은 감옥에서 자기 차례를 기다렸다.

쇼이치 요코이는 감옥에서 28년을 보냈다. 사방이 벽으로 둘러싸인 감옥이 아니라 두려움의 감옥이었다. 제2차 세계대전 중 일본의 패색이 짙어 갈 때, 일본군 병사였던 쇼이치는 괌에 주둔해 있었다. 그는 전쟁에서 지면 미군에게 붙잡힐 것이 두려워 밀림에 들어가 동굴에서 숨어 지냈다. 나중에 그는 미국 비행기가 밀림에 뿌린 전단지를 읽고 전쟁이 끝났다는 것을 알았지만, 포로로 붙잡히는 게 두려워 계속해서 동굴에 머물렀다.

그때부터 25년이 넘도록 그는 밤에만 동굴에서 나왔고, 개구리와 쥐, 바퀴벌레, 망고 등으로 연명했다. 몇 명의 사냥꾼이 그를 발견한 뒤에야 그는 밀림을 떠나도 안전하다는 것을 확신하게 되었다.

사람들은 이렇게 말한다.

"참으로 놀랍군. 어쩜 그토록 까마득하게 모를 수 있지?"

그리고 한숨을 쉰다.

"이런 비극이 또 있을까? 인생을 완전히 낭비한 거잖아."

다음과 같이 한탄하기도 한다.

"안타까운 일이야. 두려움의 감옥에 갇혀 제대로 된 삶을 살지 못하다니…."

스스로가 만들어 낸 두려움의 감방 안을 왔다 갔다 하며 삶을 허비하다니, 참으로 놀랍고 비극적이고 안타까운 일이다. 그리고 매우 흔한 일이기도 하다.

죽음에 대한 두려움이 무수히 많은 감옥을 가득 채우고 있다. 그 감옥에는 벽도 없고 간수도 없고 자물쇠도 없다. 하지만 죄수는 있다. 그들은 침상에 걸터앉아 자신의 운명을 슬퍼한다. 그들은 살고 싶지만 그럴 수가 없다. 그들 앞에는 그들이 가장 피하고 싶은 것, 즉 죽음이 기다리고 있기 때문이다.

죽음의 족쇄가 얼마나 사람을 구속하는가! 당신은 벗어나고 싶지만 벗어날 수 없다. 달아나려 해 보지만 족쇄가 너무 무겁다. 무시하려고도 해 보지만 족쇄는 번번이 당신을 잡아챈다.

어제 나는 슬픔을 당한 가정을 방문했다. 세 딸 중 막내인 스물두 살의 새 신부가 교통사고로 숨졌다. 현관에서 나를 맞이한 눈은 갇힌 자의 눈이었다. 가족들은 대답 없는 질문에 붙들려 있었다. 슬픔에 잠긴 그들은 열 걸음도 채 못 가서 불신의 벽에 부딪혔다. 참으로 가슴 아픈 일이었다.

갇힌 자들 속에서 예수님은 목이 메셨다. 그분은 눈물 젖은 창백한 얼굴들을 보셨다.

그들은 얼마나 오랫동안 사탄의 거짓말을 듣게 될 것인가? 얼마나 오랫동안 사탄에게 매이게 될 것인가? 그들에게 확신을 주려면 예수님께서 어떻게 하셔야 하는가?

이미 나인성에서 입증해 보이지 않으셨던가? 야이로의 딸을 살리신 것으로는 부족한가? 그들 스스로 얼마나 오랫동안 두려움의 감옥에 갇혀 있을 것인가? 예수님께서 열쇠를 주셨는데 왜 그 열쇠를 사용하지 않는 것인가?

"무덤으로 가자."

그들은 예수님을 나사로가 묻혀 있는 곳으로 안내했다. 그곳은 입구를 돌로 막아 놓은 동굴이었다. 돌 위에는 유한성의 거미줄이 쳐져 있었다. 그 돌은 "그 손은 더 이상 움직이지 않을 것이고, 그 혀는 더 이상 말하지 않을 것이다."라고 뽐내듯이 말했다.

그곳에서 예수님은 슬퍼하며 우셨다. 죽은 자가 아니라 산 자들을 위해 우셨다. 죽음의 동굴에 있는 사람이 아니라 두려움의 동굴에 있는 사람들을 위해 우셨다. 살아 있지만 죽은 자들을 위해 우셨다. 자유롭지만 갇힌 자들, 죽음에 대한 두려움에 사로잡힌 자들을 위해 우셨다.

"돌을 치워라." 예수님의 명령은 부드러우면서도 단호했다.

"하지만 예수님, 그러면… 냄새가 날 텐데요."

"하나님의 영광을 볼 수 있도록 돌을 치워라."

돌은 하나님을 가로막지 못했다. 2,000년 전 베다니에서도 그랬고, 100년 전 유럽에서도 그랬다.

그녀는 하노버 공국(Hanoverian countess)의 백작부인이었다. 그녀가 세상에 알려졌다면 그것은 그녀의 불신앙과 누구도 죽은 사람을 살릴 수 없다는 확신 때문일 것이다.

그녀는 죽음을 앞두고 자신의 무덤을 화강암 석판으로 봉하라는 유언을 남겼다. 무덤을 석재로 둘러싼 뒤 화강암 석판으로 덮고 무거운 죔쇠로 그 돌들을 연결하도록 한 것이다.

화강암 석판에는 다음과 같은 글귀가 새겨졌다.

이 묘지는 영구 매입한 것으로 개봉이 불가합니다.

무덤을 봉하기 위해 인간이 할 수 있는 것은 다 했다. 백작부인은 그녀의 무덤을 통해 부활 신앙을 조롱거리로 만들고자 했다. 그러나 무덤가의 작은 자작나무에게는 다른 계획이 있었다. 자작나무의 뿌리가 화강암 석판 사이를 지나 땅속 깊이 파고들었던 것이다. 자작나무 뿌리는 돌들을 연결한 죔쇠가 느슨해지고 화강암 석판이 들릴 때까지 수년간 계속해서 뻗어 갔다. 결국 화강암 석판은 자작나무에 기대어졌고, 그 허세 가득한 묘비명은 한 나무의 굳은 의지로 인해, 전능하신 하나님에 의해 영원히 침묵하게 되었다.

"나사로야, 나오너라!"
한 번의 부르심으로 충분했다. 나사로는 자기 이름이 불리는 것을 들었다. 수건 속의 눈이 뜨이고, 베로 동인 손이 들렸다. 무릎이 들리고 발이 땅에 닿았다. 그리고 죽은 사람이 걸어 나왔다.
"베를 풀어서 돌아다닐 수 있게 해 주어라"(요 11:1-44).

브라질에는 밀림 속 오지에 사는 인디언 부족을 발견한 어느 선교사의 이야기가 전해진다. 그 부족은 큰 강 근처에 살았다. 그들은 선량한 사람들이었지만 전염병 때문에 하루가 다르게 사람들이 죽어 나갔다. 밀림의 다른 쪽에 병원이 있어서, 선교사는 그들을 병원에 데려가 치료와 예방접종을 받게 하는 것이 유일한 희망이라고 생각했다. 그러나 병원에 가려면 강을 건너야 했는데, 그 인디언 부족은 강을 건너는 것을 두려워했다. 강에 악령이 산다고 믿었기 때문이다. 그들에게 강을 건너는 것은 곧 죽음을 의미했다.

선교사는 그들의 미신을 없애 주는 어려운 과제에 착수했다. 그는 자신이 어떻게 아무런 해도 입지 않고 강을 건너서 마을에 도착했는지 설명했다. 하지만 소용없었다. 사람들을 데리고 강둑으로 가서 강물에 손을 담가 보기도 했다. 그래도 사람들은 믿지 않았다. 그는 강에 들어가 얼굴에 물을 끼얹었다. 사람들은 그런 선교사의 모습을 유심히 보았지만, 여전히 망설였다. 마지막으로 그는 강물에 몸을 완전히 담갔다. 그리고 헤엄을 쳐서 반대편으로 나왔.

강의 능력이라는 것이 한낱 웃음거리에 불과함을 입증해 보인 선교사는 승리의 주먹을 들어 올렸다. 결국 인디언들은 환호하며 그의 뒤를 따라 강을 건넜다.

예수님은 사람들이 값싼 능력에 겁을 먹는 것을 보셨다. 죽음의 강이 두려워할 게 못 된다고 설명하셨지만, 사람들은 그분의 말을 믿지 않았다. 또한 예수님은 나인성 과부의 아들을 살리셨지만, 사람들은 여전히 확신하지 못했다. 죽은 소녀의 몸에 생기를 불어넣으셨지만, 사람들은 여전히 냉소적이었다. 예수님은 죽은 지 나흘 된 사람을 살리셨다. 이 정도면 충분하지 않은가?

하지만 충분하지 않았던 듯하다. 죽음이 정복당했음을 믿게 하기 위해서는 예수님께서 직접 강에 들어가 죽음의 물속에 몸을 담그셔야 했기 때문이다.

예수님이 그렇게 하신 다음, 죽음의 강을 헤엄쳐 반대편으로 나오신 다음은 노래해야 할 때, 축하해야 할 때이다!

STUDY GUIDE

마음의 닻

스스로가 만들어 낸 두려움의 감방 안을 왔다 갔다 하며 삶을 허비하다니, 참으로 놀랍고 비극적이고 안타까운 일이다. 그리고 매우 흔한 일이기도 하다.

1. 이 글이 묘사하는 것의 몇 가지 예를 들어 보라.

2. 당신은 "스스로가 만들어 낸 두려움의 감방 안을 왔다 갔다 하며" 인생을 낭비한 적이 있는가? 거기서 어떻게 빠져나왔는가?

예수님은 슬퍼하며 우셨다. 죽은 자가 아니라 산 자들을 위해 우셨다. 죽음의 동굴에 있는 사람이 아니라 두려움의 동굴에 있는 사람들을 위해 우셨다. 살아 있지만 죽은 자들을 위해 우셨다. 자유롭지만 갇힌 자들, 죽음에 대한 두려움에 사로잡힌 자들을 위해 우셨다.

1. "살아 있지만 죽은" 사람들은 어떤 사람들인가?

2. 예수님이 우신 것이 그분의 성품이나 인성에 대해 무엇을 말해 주는가? 이것이 예수님을 바라보는 당신의 시각에 어떤 영향을 미치는가?

예수님은 사람들이 값싼 능력에 겁을 먹는 것을 보셨다. 죽음의 강이 두려워할 게 못 된다고 설명하셨지만, 사람들은 그분의 말을 믿지 않았다. 또한 예수님은 나인성 과부의 아들을 살리셨지만, 사람들은 여전히 확신하지 못했다. 죽은 소녀의 몸에 생기를 불어넣으셨지만, 사람들은 여전히 냉소적이었다. 예수님은 죽은

지 나흘 된 사람을 살리셨다. 이 정도면 충분하지 않은가? 하지만 충분하지 않았던 듯하다. 죽음이 정복당했음을 믿게 하기 위해서는 예수님께서 직접 강에 들어가 죽음의 물속에 몸을 담그셔야 했기 때문이다.

1. 예수님의 부활은 나인성 과부의 아들이나 야이로의 딸, 그리고 나사로의 부활과 어떻게 다른가?

2. 당신은 예수님께서 죽음을 정복하셨다고 믿는가? 그렇게 믿는 이유는 무엇인가?

영혼의 닻

요한복음 11장 1-44절을 읽으라.

1. 예수님은 나사로가 죽게 될 것을 아시면서 어떻게 4절에서 "이 병은 죽을병이 아니라"고 말씀하실 수 있었는가?

2. 예수님께서 이 사건을 통해 어떻게 영광을 받으셨는가?

3. 25-26절이 복음의 핵심인 이유는 무엇인가? 26절의 질문에 당신은 어떻게 대답하겠는가?

4. 예수님께서 어떻게 하셨기에 유대인들이 예수님과 나사로의 관계를 언급하며 "보라, 그를 얼마나 사랑하셨는가"(36절)라고 말했는가? 예수님의 이러한 행동이 그분에 대한 당신의 생각에 어떤 영향을 미치는가?

5. 27절에 나오는 마르다의 말과 39절에 나오는 마르다의 말을 비교해 보라. 마르다의 믿음에서 당신의 믿음을 떠올리게 되는 순간이 있는가? 만약 그렇다면, 어떤 경우였는가?

6. 죽은 사람을 살리신 세 이야기를 통해 예수님에 대해 가장 강하게 받은 인상은 무엇인가?

인생의 닻

1. 장의사를 방문하여 장례지도사에게 장례 절차와 상을 당해 슬픔에 잠긴 사람들을 대하는 법, 일반적인 장례식과 종교적인 장례식의 차이점, 죽음에 대한 그의 개인적인 견해 등을 들어보라. 그리고 집에 돌아와서 장례지도사와의 대화가 죽음과 기독교에 대한 당신의 시각에 어떤 영향을 미쳤는지 써 보라.

2. 죽는 장면이 나오는 영화나 TV 드라마를 시청할 때 감독이 죽음을 어떻게 그리고 있는지 생각해 보라. 그들은 죽음을 최종적인 것으로 그리고 있는가, 영광스러운 것으로 그리고 있는가, 두려운 것으로 그리고 있는가? 가족이나 친구와 함께 앉아서 만약 당신이 감독이라면 그리스도인으로서 그 장면을 어떻게 연출할지 상상해 보라. 당신은 어떤 점을 다르게 할 것 같은가? 그리고 어떤 점을 같게 할 것 같은가?

18.

축하 파티

　　　　　일요일 아침 막달라 마리아가 무덤에 이르렀을 때, 그녀는 거기서 파티가 열리리라고는 상상도 하지 못했다. 지난 며칠간은 축하할 일이 아무것도 없었다. 유대인들은 축하할 수 있었다. 눈엣가시처럼 여기던 예수님을 제거했기 때문이다. 로마 병사들도 축하할 수 있었다. 자신들이 할 일을 다 했기 때문이다. 그러나 마리아는 축하할 수 없었다. 그녀에게 지난 며칠은 비극의 연속이었다.

　마리아는 그 현장에 있었다. 그녀는 예수님의 피를 요구하는 지도자들의 고함 소리를 들었다. 예수님의 등을 내리치는 로마 병사들의 채찍을 보았다. 예수님의 이마에 박힌 가시를 보고 몸을 움찔했고, 십자가의 무게를 생각하며 눈물을 흘렸다.

루브르박물관에는 예수님께서 십자가에 달리신 장면을 묘사한 그림이 있다. 그 그림 속에서 별들은 빛을 잃고 세상은 어둠에 잠겨 있다. 그리고 어둠 속에 무릎을 꿇고 있는 형체가 있다.

바로 막달라 마리아다. 그녀는 그리스도의 피 흘리는 발을 붙잡고 거기에 입을 맞추고 있다.

우리는 마리아가 정말로 그랬는지 알 수 없다. 하지만 그럴 수 있었다는 것은 안다. 그녀가 그곳에 있었기 때문이다. 거기서 마리아는 예수님 어머니의 어깨를 감싸 안았으며, 예수님의 눈을 감겨 드렸다. 마리아는 분명 그곳에 있었다. 따라서 그녀가 다시 그곳에 가고 싶어 한 것은 그리 놀라운 일이 아니다.

그녀는 아침 일찍 일어나 향품과 침향을 챙겨서 집을 나왔다. 동산 입구를 지나 언덕길을 올라갔다. 지금쯤은 시신이 부풀어 올랐을 거라고 생각했다. 얼굴은 하얗게 변했을 것이고, 죽음의 냄새를 풍길 게 분명했다.

마리아가 오솔길을 걷는 동안 잿빛 하늘이 황금빛으로 바뀌었다. 마지막 모퉁이를 돌 때에는 숨을 헐떡였다. 무덤 입구의 돌이 치워져 있었기 때문이다.

"누군가가 주님의 시신을 가져갔어요."

그녀는 베드로와 요한에게 달려가 이 사실을 알렸다. 베드로와 요한이 직접 확인하러 달려갔다. 마리아는 그들을 따라잡으려 했지만 따라잡을 수가 없었다.

베드로는 어리둥절해했고, 요한은 믿으며 무덤을 나왔다. 그러나 마리아는 울면서 무덤 앞에 앉아 있었다. 두 제자는 집으로 돌아가고 마리아만 그녀의 슬픔과 함께 남겨졌다.

그러나 무언가가 그녀에게 혼자가 아니라고 말했다. 어쩌면 그것은 소음이었는지 모른다. 속삭임이었는지도 모른다. 아니면 직접 들어가서 확인해 보라고 말하는 마음의 소리였는지도 모른다.

어찌되었든 그녀는 무덤 안으로 들어가 보기로 했다. 그래서 허리를 구부려 머리를 동굴 안으로 들이밀고, 눈이 어둠에 익숙해지기를 기다렸다.

"어찌하여 우느냐?"

마리아는 사람처럼 보이는, 하얗게 빛나는 형체를 보았다. 그는 시신을 뉘었던 곳 양옆에 있는 두 빛무리 중 하나였다. 제단에는 두 개의 촛불이 타오르고 있었다.

"어찌하여 우느냐?"

무덤에서는 좀처럼 들을 수 없는 질문이다. 아니, 무례하게 느껴질 수 있는 질문이다. 질문자가 상대방이 알지 못하는 무언가를 알지 않는 한 말이다.

"사람들이 내 주님을 데려간 것 같은데, 어디로 데려갔는지 모르겠어요."

마리아는 예수님을 여전히 "내 주님"이라고 불렀다. 그녀가 아는 한 예수님은 이제 말을 하지 못하신다. 그녀는 지금 예수님의 시신을 도굴꾼들이 가져갔다고 생각하고 있다. 그런데도 그녀에게 예수님은 여전히 그녀의 주님인 것이다.

그런 헌신이 예수님을 감동시켰다. 예수님은 그녀에게 더 가까이 다가가셨다. 숨소리가 들릴 정도로 가까운 거리였다. 마리아가 돌아보자 예수님이 거기 서 계셨다. 하지만 그녀는 그분을 동산지기로 여겼다.

그때 예수님은 스스로를 드러내실 수 있었다. 자신의 존재를 드러내기 위해 천사와 악대를 부르실 수도 있었다. 하지만 그렇게 하지 않으셨다.

"어찌하여 울며 누구를 찾느냐?"(요 20:1-18)

예수님은 그녀를 혼란 속에 오래 두지 않으셨다. 그분이 가끔 우리를 놀라게 하신다는 것을 상기시킬 만큼만 그대로 두셨다.

예수님은 우리가 인간의 연약함에 절망할 때까지 기다리셨다가 개입하신다. 우리가 완전히 포기할 때까지 기다리셨다가 우리를 놀라게 하신다.

하나님께서 당신을 놀라게 하신 지 오래되었는가?

우리는 곧잘 하나님을 안다고 생각한다. 하나님께서 어떻게 하실지 정확하게 안다고 생각한다. 그래서 암호를 풀고 하나님의 성향을 도표화한다. 그럴 때의 하나님은 컴퓨터와도 같다. 적절한 버튼을 누르고 적절한 데이터를 입력하면 우리가 생각한 모습을 보여 주신다. 달라진 것은 없다. 수정할 것도 없다. 마치 주크박스처럼, 십일

조를 내고 적절한 번호를 입력하면 우리가 원하는 천상의 음악이 방 안을 가득 채운다.

나는 책상 저편에 있는 티슈 상자를 보았다. 10분 전만 해도 그 상자는 세 자녀의 어머니인 어느 30대 여성의 무릎 위에 놓여 있었다. 그녀는 그날 아침 남편의 전화를 받았다. 남편은 이혼을 원했다. 그녀는 직장에서 조퇴하고 돌아와서 울었다. 뭔가 희망적인 말을 듣고 싶어 했다.

나는 그녀에게 우리가 최악의 상황 속에 있을 때 하나님은 최선을 다하신다는 것을 상기시켜 주었다. 하나님은 묘지에서의 축하 파티를 계획하시는 분이다. 나는 그녀에게 말했다.

"하나님께서 어떤 놀라운 일을 계획하고 계실지 모릅니다. 그러니 기대하세요."

당신은 하나님을 속속들이 이해했는가? 하나님을 도표화하여 화이트보드에 붙였는가? 그렇다면 들어보라. 하나님께서 하시는 놀라운 일들을 들어보라.

사람들이 간음한 여인을 치려고 들고 있던 돌이 땅에 떨어지는 소리를 들어보라.

예수님이 사형수에게 함께 리무진을 타고 천국으로 가자고 초대하시는 것을 들어보라.

메시아가 사마리아 여인에게 "네게 말하는 내가 그라"고 속삭이시는 것을 들어보라.

죽었다 살아난 아들과 함께 저녁식사를 하는 나인성 과부의 이야기를 들어보라.

그리고 마리아가 사랑한(그리고 장사한) 예수님이 그녀의 이름을 부르실 때 마리아가 얼마나 놀랐는지 들어보라.

"미리암."[6]

하나님은 예상 밖의 장소에 나타나시고, 예상 밖의 일을 행하신다. 인상 쓸 일밖에 없는 곳에서 미소를 지으시고, 눈물 흘릴 일밖에 없는 곳에서 눈을 반짝이신다. 어두운 하늘에 별을 걸어 두시고, 먹구름 사이에 무지개를 띄우신다. 묘지에서 이름을 부르신다.

"미리암." 예수님은 부드럽게 말씀하신다. "놀랐느냐?"

마리아는 깜짝 놀랐다. 하나님께 이름을 불리는 일은 흔하지 않다. 그러나 마리아는 자기 이름이 불렸을 때 그분의 목소리를 알아들었다. 그리고 그 목소리에 올바르게 반응했다. 그 즉시 그분을 예배했다.

그 장면은 깜짝 파티의 모든 요소(비밀스러움과 휘둥그레진 눈, 놀라움과 감사)를 갖추었다. 그러나 이 축하 파티는 장래에 있을 축하 파티에 비하면 아무것도 아니다. 장래에 있을 축하 파티는 마리아의 축하 파티와 비슷하면서 훨씬 더 규모가 클 것이다. 훨씬 더 많은 무덤이 열

---

6) '마리아'의 아람어 이름

릴 것이고, 훨씬 더 많은 이름이 불릴 것이다. 훨씬 더 많은 사람이 무릎을 꿇을 것이고, 훨씬 더 많은 사람이 축하할 것이다.

분명 그것은 굉장한 파티가 될 것이다. 그래서 나는 내 이름이 그 파티의 초청자 명단에 오르도록 확실히 해 둘 생각이다. 당신은 어떤가?

하나님이 자기를 사랑하는 자들을 위하여 예비하신 모든 것은 눈으로 보지 못하고 귀로 듣지 못하고 사람의 마음으로 생각하지도 못하였다(고전 2:9).

STUDY GUIDE

마음의 닻

"어찌하여 우느냐?" 무덤에서는 좀처럼 들을 수 없는 질문이다. 아니, 무례하게 느껴질 수 있는 질문이다. 질문자가 상대방이 알지 못하는 무언가를 알지 않는 한 말이다.

1. 여기서 질문자는 상대방이 모르는 무엇을 알고 있는가?

2. 이것을 아는 것이 왜 중요한가?

예수님은 그녀를 혼란 속에 오래 두지 않으셨다. 그분이 가끔 우리를 놀라게 하신다는 것을 상기시킬 만큼만 그대로 두셨다. 예수님은 우리가 인간의 연약함에 절망할 때까지 기다리셨다가 개입하신다. 우리가 완전히 포기할 때까지 기다리셨다가 우리를 놀라게 하신다.

1. 예수님께서 왜 "우리가 인간의 연약함에 절망할 때까지" 기다리신다고 생각하는가?

2. 하나님께서 당신을 놀라게 하신 적이 있는가? 그때의 경험에 대해 이야기해 보라.

"미리암." 예수님은 부드럽게 말씀하신다. "놀랐느냐?"

1. 예배가 마리아의 올바른 반응인 이유는 무엇인가? 예배는 무엇을 의미하는가?

2. 오늘날 예수님에 대한 올바른 반응은 무엇인가? 당신은 예수님께 어떻게 반응하는가?

영혼의 닻

요한복음 20장 1-18절을 읽으라.

1. 예수님의 무덤에서 돌이 옮겨진 것을 보고 마리아가 걱정한 것은 무엇인가?

2. 베드로와 요한이 무덤에서 발견한 것 중 주목할 만한 점은 무엇인가?(5-7절) 요한이 예수님의 부활을 믿은 이유는 무엇인가?(8절)

3. 마리아는 누군가가 예수님의 시신을 옮겼을 거라는 생각을 세 번 표현한다(2, 13, 15절). 그녀의 이러한 생각이 바뀐 이유는 무엇인가?(16절)

4. 예수님께서 마리아에게 어떤 임무를 주셨는가? 마리아는 무엇을 했는가?

5. 당신은 하나님이 우리를 놀라게 하시는 분이어서 기쁜가? 이 질문에 대한 당신의 대답에 대해 설명하라.

인생의 닻

1. 하나님께서 우리를 동역자로 불러 주셨고, 또 하나님은 우리를 놀라게 하는 것을 좋아하시는 분이다. 당신도 친구를 위해 깜짝 파티나 이벤트를 해 주라.

2. 2주 동안 일기를 쓰라. 특별히 그 기간 동안 하나님께서 당신을 놀라게 하신 일들을 기록하라. 두 주가 끝나 갈 무렵 조용한 곳에서 일기를 보며 하나님께서 당신의 삶 속에 행하신 특별한 일들에 대해 감사하라. 그 일들 중 마음에 들지 않는 일에 대해서도 감사하는 마음을 가질 수 있도록 기도하라.

3. 가족이나 친구들과 함께 예수님의 부활을 축하하라. 다음의 아이디어를 참고하면 좋을 것이다.
    ① 성찬과 예배의 시간을 가지라.
    ② 당신이 베푼 호의를 되돌려받을 수 없는 누군가에게 선물을 하라.
    ③ 예수님께서 죽음을 이기신 이야기에 초점을 맞춘 영화나 연극, 뮤지컬을 보라.
    ④ 믿지 않는 친구에게 이 책 3부의 한 장을 읽고 느낀 점을 이야기해 달라고 부탁하라.
    ⑤ 예수님의 부활이 없었다면 우리의 삶이 어떻게 달라졌을지에 대해 토론하라.

19.

마지막 인사

"맥스, 아버지가 깨어나셨어!" 나는 텔레비전에서 방영하는 영화를 보던 중이었다. 현대에서 다른 시대, 다른 공간으로 옮겨 가는 내용의 스릴러 영화를 보던 중이라 어머니의 말이 다른 세계에서 들려오는 듯했다.

나는 현실세계로 돌아와 아버지를 향해 고개를 돌렸다. 아버지는 나를 바라보고 계셨다. 아버지는 목 윗부분밖에 움직이실 수 없었다. 루게릭병이 아버지에게서 믿음과 눈을 제외한 모든 것을 앗아갔기 때문이다.

나를 아버지의 침대로 부른 것은 아버지의 눈이었다. 나는 아버지의 상태가 악화되셨다는 소식을 듣고 브라질에서 특별 휴가를 받아 집에 돌아와 있었다.

지난 며칠간 아버지는 어머니가 아버지를 씻겨 드리거나 침대 시트를 갈 때를 제외하곤 거의 주무셨다.

아버지의 침대 옆에는 목에 삽입한 관을 통해 폐에 공기를 밀어 넣는 인공호흡기가 있었다. 아버지의 손은 뼈마디가 앙상했고, 한때 단단하고 힘 있던 손가락은 구부러지고 기운이 없었다. 나는 침대 가장자리에 앉아 아버지의 앙상한 갈비뼈를 쓰다듬었다. 이마를 짚어 보니 뜨겁고 축축했다. 나는 아버지의 머리칼을 쓸어 넘겼다.

"왜요, 아버지?"

아버지는 뭔가 말하고 싶어 하셨다. 아버지의 눈에 간절한 빛이 떠올랐다. 그 눈빛이 나를 꼭 붙들고 놓아 주지 않았다. 내가 잠깐 다른 곳이라도 보려 하면 그 눈빛이 나를 따라와, 내가 돌아볼 때까지 조용히 나를 응시했다.

"무슨 말씀을 하고 싶으세요?"

전에도 아버지의 그런 표정을 본 적이 있었다. 내가 일곱 살이나 고작해야 여덟 살쯤 되었을 때다. 나는 난생 처음 다이빙대에 올라가 벌벌 떨고 있었다. 30킬로그램의 내 체중이 실린 다이빙대가 위아래로 흔들렸다. 나는 뒤에서 어서 뛰어내리라고 재촉하는 아이들을 돌아보았다. 내려가겠다고 길을 비켜 달라고 하면 아이들이 뭐라고 할까? 엄청 놀려댈 게 분명했다. 그래서 나는 놀림거리가 되는 것과 죽음과도 같은 물속으로 뛰어드는 것 사이에서 내가 할 수 있는 유일한 것을 했다. 바로 몸을 떠는 것이다.

그때 아버지의 목소리가 들려왔다. "괜찮아. 어서 뛰어내리렴." 아래를 내려다보니 아버지가 물속에 들어와 내가 뛰어내리기를 기다리고 계셨다. 이 글을 쓰는 지금도 햇볕에 그을린 아버지의 얼굴과 젖은 머리, 환한 미소, 반짝이는 눈이 눈에 선하다. 아버지의 침착하고 진지한 눈빛이 나를 안심시켰다. 아버지가 아무 말 안 하셨어도 그 눈빛이 메시지를 전달했겠지만, 아버지는 "뛰어내려. 괜찮아."라고 말씀하셨다.

그래서 나는 뛰어내렸다.

그로부터 23년이 지난 지금, 아버지의 구릿빛 얼굴은 간데없고, 머리카락은 가늘어지고, 얼굴은 많이 여위었다. 그러나 눈빛만큼은 예전 그대로였다. 아버지의 눈빛은 용감했고, 그 눈빛이 전하고자 하는 메시지도 변함없었다. 나는 아버지가 무슨 말을 하려고 하시는지 알았다. 아버지는 내가 두려워한다는 것을 알고 계셨다. 내가 심연을 들여다보며 떨고 있다는 것을 아셨다. 죽어 가는 아버지에게는 살아 있는 나를 위로할 힘이 있었다.

나는 아버지의 푹 꺼진 뺨에 얼굴을 갖다 댔다. 내 눈물이 아버지의 뜨거운 얼굴에 떨어졌다. 나는 아버지가 말하고 싶어 하셨지만 소리 내지 못한 말을 부드럽게 속삭였다.

"괜찮아요. 괜찮을 거예요."

내가 고개를 들었을 때 아버지의 눈은 감겨져 있었다. 그리고 다시는 떠지지 않았다.

아버지는 눈으로 마지막 인사를 하신 것이었다. 눈으로 전하는 마지막 메시지, 항해를 앞두고 선장이 고하는 마지막 작별 인사, 아버지가 아들에게 하는 마지막 격려의 말은 바로 "괜찮아."였다.

어느 금요일의 여섯 시간 동안 그 군인의 영혼을 휘저어 놓은 것은 아마도 그 눈빛과 비슷한 눈빛이었을 것이다.

그는 초조했다. 정오 이후로 계속 그랬다. 그를 힘들게 하는 것은 사람들의 죽음이 아니었다. 그 백부장은 인간의 유한성을 모르지 않았다. 그는 지난 몇 년간 십자가에 달린 사람들의 비명소리에 익숙해져 있었다. 이미 그런 소리에 마음을 둔감하게 하는 법을 터득했다. 그러나 이 십자가형은 그의 마음을 괴롭혔다.

그날도 다른 날처럼 불쾌하게 시작되었다. 유대 지방에 있는 것만으로도 고역인데 돌투성이 언덕에서 소매치기와 민중 선동가의 죽음을 감독하며 뜨거운 오후를 보내야 하다니, 생각만 해도 끔찍했다. 군중의 반은 비난을 퍼붓고, 반은 눈물을 흘렸다. 군병들은 불평했고, 제사장들은 거들먹거렸다. 그것은 이방 땅에서 수고하고도 아무런 보답도 받지 못하는 일이었다. 그래서 백부장은 하루가 시작되기도 전에 이미 그날이 지나가기를 바라는 마음이었다.

그는 그 평발의 시골뜨기에게 쏠리는 사람들의 관심이 궁금했다. 십자가에 매달 팻말의 문구를 보니 웃음이 났다. 그 죄수는 결코 왕처럼 보이지 않았기 때문이다. 그는 얼굴이 붓고 멍들어 있었으며,

등은 살짝 굽었고, 시선은 아래를 향하고 있었다. 백부장은 '무해한 촌사람일 거야.'라고 생각했다. '이 사람이 무슨 죄를 지었겠어?'

그때 예수님이 고개를 들었다. 예수님은 화를 내지 않았고, 초조해하지도 않았다. 얼굴에서 피가 흐르는데도 이상할 만큼 눈빛이 평온했다. 예수님은 사람들을 바라보았다. 마치 그들 한 사람 한 사람에게 할 말이라도 있는 것처럼 그들의 얼굴을 찬찬히 바라보았다.

일순간 그는 백부장을 바라보았고, 그 순간 백부장은 이제껏 보아온 중에 가장 순수한 눈을 들여다보았다. 백부장은 그 눈빛이 무엇을 의미하는지 알지 못했다. 하지만 그 눈빛은 그로 하여금 침을 꿀꺽 삼키게 했고, 속이 텅 빈 것처럼 느끼게 했다. 병사들이 그 나사렛 사람을 붙잡아 바닥에 패대기쳤을 때 백부장 안에 있는 무언가가 그날이 평범한 하루가 되지 않으리라는 것을 알려 주었다.

시간이 지날수록 백부장은 가운데 십자가에 달린 사람을 자꾸 쳐다보는 자신을 발견했다. 그는 그 나사렛 사람의 침묵을 이해할 수 없었다. 그의 친절을 이해할 수 없었다.

무엇보다도 그 어둠을 이해할 수 없었다. 한낮에 하늘이 캄캄해지는 것을 어떻게 받아들여야 할지 알 수가 없었다. 누구도 그 현상을 설명하지 못했고, 설명하려 들지도 않았다. 한순간에 해가 났고 다음 순간에는 하늘이 캄캄해졌다. 한순간에 대기가 뜨거웠고 나음 순간에는 서늘했다. 제사장들조차 할 말을 잃었다.

백부장은 한동안 돌 위에 앉아서 세 사람의 거뭇한 실루엣을 바라보았다. 그들의 축 처진 머리가 가끔씩 이리저리 흔들렸다. 야유하는 소리가 잦아들면서 불길한 정적이 흘렀다. 울던 사람들도 안타까워하며 기다리고 있었다.

갑자기 가운데 사람의 머리가 들렸다. 눈부신 섬광 속에서 그의 눈이 뜨였다. 침묵을 가르고 포효가 터져 나왔다. "다 이루었다"(요 19:30). 그것은 고함소리가 아니었다. 부르짖음이 아니었다. 그것은 포효였다. 사자의 포효였다. 백부장은 그 포효가 어느 세상에서 왔는지 알지 못했지만 이 세상 것이 아니라는 것은 알았다.

백부장은 자리에서 일어나 그 나사렛 사람을 향해 몇 발짝 다가갔다. 가까이 다가가자 예수님이 하늘을 우러러보고 있는 게 보였다. 백부장은 예수님의 눈에 있는 무언가를 꼭 봐야 했다. 그러나 몇 걸음도 못 가서 넘어지고 말았다. 그는 일어났다가 다시 넘어졌다. 땅이 흔들렸기 때문이다. 처음에는 천천히, 그러다 점점 격렬하게 흔들렸다. 그는 다시 일어나서 걸으려 했지만 몇 걸음 만에 다시 넘어졌다. 그곳은 십자가 밑이었다.

백부장은 죽어 가는 예수님의 얼굴을 올려다보았다. 예수님은 그 무뚝뚝한 노인을 굽어보았다. 예수님의 손은 결박되어 있어서 그를 향해 내밀 수가 없었다. 예수님의 발은 못 박혀 있어서 그에게 다가갈 수 없었다. 예수님의 머리는 통증으로 무거웠지만 거의 흔들리지 않았다. 하지만 예수님의 눈은 불타는 듯했다.

예수님의 눈에는 꺼지지 않는 불꽃이 있었다. 그 눈은 하나님의 눈이었다. 아마도 그 눈이 백부장으로 하여금 그런 고백을 하게 했을 것이다. 백부장은 하나님의 눈을 보았다. 그는 예루살렘의 간음한 여인과 사마리아의 친구 없는 이혼녀, 그리고 죽어서 나흘간 무덤 속에 있던 나사로가 보았던 바로 그 눈을 보았다. 인간의 유한성에 눈을 감지 않고, 인간의 실수에 고개를 돌리지 않고, 인간의 죽음을 보고 움찔하지 않는 그 눈을 보았다.

하나님의 눈은 "괜찮다"고 말했다. "나는 폭풍을 경험했지만, 모든 게 괜찮다."

백부장의 확신은 강물처럼 한데 모여 흐르기 시작했다. 그는 속으로 "이 사람은 목수가 아니다."라고 말했다. "이 사람은 시골뜨기가 아니다. 평범한 사람이 아니다."

그는 일어나서 주변의 낙석과 어두워진 하늘을 쳐다보았다. 놀라서 얼어붙은 얼굴로 예수님을 응시하는 병사들을 보았다. 눈을 들어 본향을 바라보시는 예수님을 보았다. 그리고 예수님의 바싹 마른 입술과 부어오른 혀가 하는 마지막 말을 들었다.

"아버지, 내 영혼을 아버지 손에 부탁하나이다"(눅 23:46).

백부장이 고백하지 않았다면 병사들이 고백했을 것이다. 백부장이 고백하지 않았다면 주변의 돌들이 고백했을 것이다. 천사들과 별들, 심지어 마귀들이 고백했을 것이다. 그러나 그 고백을 한 사람은 백부장이었다. 그들 모두가 아는 사실을 고백하는 임무는 무명의 이 방인에게 떨어졌다.

"이 사람은 진실로 하나님의 아들이었도다"(막 15:39).

어느 금요일의 여섯 시간.

사막 한가운데의 에베레스트처럼 인류 역사의 지평에 우뚝 선 여섯 시간.

2,000년 동안 해독되고 분석되고 토론되어 온 그 여섯 시간.

이 여섯 시간은 무엇을 의미하는가? 이 여섯 시간은 영원(eternity)이 인간의 가장 어두운 동굴 속으로 들어온 시간의 문이다. 이 여섯 시간은 위대한 항해자가 그를 따르는 사람들에게 닻을 내릴 지점을 알려 주려고 깊은 물속에 들어간 순간이다.

그 금요일은 무엇을 의미하는가?

실수로 캄캄해진 인생에게 그 금요일은 용서를 의미한다.

인생의 허무함으로 좌절한 가슴에게 그 금요일은 목적을 의미한다. 그리고 죽음의 터널을 들여다보는 영혼에게 그 금요일은 구원을 의미한다.

어느 금요일의 여섯 시간.

당신에게는 그 금요일의 여섯 시간이 무엇을 의미하는가?

STUDY GUIDE

마음의 닻

아버지는 눈으로 마지막 인사를 한 것이었다. 눈으로 전하는 마지막 메시지, 항해를 앞두고 선장이 고하는 마지막 작별 인사, 아버지가 아들에게 하는 마지막 격려의 말은 바로 "괜찮아."였다.

1. "괜찮다"는 말은 죽어 가는 아버지에 관한 이 이야기에도 나올 만큼 이 책에 자주 등장한다. 저자는 이를 통해 무엇을 말하고자 했을까?

2. 어떤 사람들에게 "괜찮다"는 말을 해 주면 좋을까? 그리고 어떤 사람들에게는 하지 않는 것이 좋을까?

백부장은 한동안 돌 위에 앉아서 세 사람의 거뭇한 실루엣을 바라보았다. 그들의 축 처진 머리가 가끔씩 이리저리 흔들렸다. 야유하는 소리가 잦아들면서 불길한 정적이 흘렀다. 울던 사람들도 안타까워하며 기다리고 있었다.
갑자기 가운데 사람의 머리가 들렸다. 눈부신 섬광 속에서 그의 눈이 뜨였다. 침묵을 가르고 포효가 터져 나왔다.
"다 이루었다"(요 19:30).
그것은 고함소리가 아니었다. 부르짖음이 아니었다. 그것은 포효였다. 사자의 포효였다. 백부장은 그 포효가 어느 세상에서 왔는지 알지 못했지만 이 세상 것이 아니라는 것은 알았다.

1. "다 이루었다"는 말은 무슨 뜻인가? 이 말이 왜 그토록 강렬하게 선포되어야 했는가?

2. 많은 그리스도인이 "다 이루었다"는 말에 큰 소망과 위로를 얻는다. 왜일까?

백부장이 고백하지 않았다면 병사들이 고백했을 것이다. 백부장이 고백하지 않았다면 주변의 돌들이 고백했을 것이다. 천사들과 별들, 심지어 마귀들이 고백했을 것이다. 그러나 그 고백을 한 사람은 백부장이었다. 그들 모두가 아는 사실을 고백하는 임무는 무명의 이방인에게 떨어졌다. "이 사람은 진실로 하나님의 아들이었도다"(막 15:39).

1. 백부장이 자신이 한 말의 의미를 충분히 이해했다면 어떤 행동을 취했어야 할까?

2. 예수님이 진실로 하나님의 아들이라면 당신은 어떤 행동을 취해야 하는가? 당신은 예수님과 어떤 관계인가?

영혼의 닻

마가복음 15장 33-39절을 읽으라.

1. 하나님은 한낮의 세 시간 동안 세상을 어둡게 하심으로써 무엇을 말씀하시려 했는가?

2. 시편 22편 1-18절을 읽으라. 이 구절은 그리스도께서 태어나시기

수백 년 전에 기록되었지만 십자가 사건과 관련하여 어떤 일이 일어날지를 자세히 묘사하고 있다. 시편 22편의 어떤 부분이 마가복음 15장의 내용과 일치하는가?

3. 무엇이 백부장으로 하여금 예수님에 대해 "이 사람은 진실로 하나님의 아들이었도다"라고 말하게 했는가?(39절)

4. 당신은 예수님이 누구시라고 생각하는가? 그렇게 생각하는 근거는 무엇인가?

인생의 닻

1. 혼자 조용히 생각에 잠길 수 있는 곳으로 가서 당신의 삶에 변화되어야 할 부분이 있는지 생각해 보라. 그리고 하나님이 다음의 영역에서 당신에게 어떤 변화를 요구하실지 구체적으로 말해 보라.
  - 가정생활
  - 직장생활
  - 교회생활
  - 친구 관계
  - 독서 습관
  - 여가 시간
  - 소비생활의 우선순위
  - 기부 패턴
  - 시간 활용
  - 대화나 어휘

- 기타

2. 친한 친구에게 편지를 쓰라. 특별히 이 책을 읽고 하나님에 대한 당신의 시각이 어떻게 변화되었는지 표현하라. 되도록 개인적이고 구체적인 내용을 적으라.

사명선언문

너희가 흠이 없고 순전하여……세상에서 그들 가운데 빛들로
나타내며 생명의 말씀을 밝혀 _ 빌 2:15-16

1. 생명을 담겠습니다
만드는 책에 주님 주신 생명을 담겠습니다.
그 책으로 복음을 선포하겠습니다.

2. 말씀을 밝히겠습니다
생명의 근본은 말씀입니다.
말씀을 밝혀 성도와 교회의 성장을 돕겠습니다.

3. 빛이 되겠습니다
시대와 영혼의 어두움을 밝혀 주님 앞으로 이끄는
빛이 되는 책을 만들겠습니다.

4. 순전히 행하겠습니다
책을 만들고 전하는 일과 경영하는 일에 부끄러움이 없는
정직함으로 행하겠습니다.

5. 끝까지 전파하겠습니다
모든 사람에게, 땅 끝까지, 주님 오시는 그날까지
복음을 전하는 사명을 다하겠습니다.

서점 안내

광화문점	서울시 종로구 새문안로 69 구세군회관 1층 02)737-2288 / 02)737-4623(F)
강남점	서울시 서초구 신반포로 177 반포쇼핑타운 3동 2층 02)595-1211 / 02)595-3549(F)
구로점	서울시 동작구 시흥대로 602, 3층 302호 02)858-8744 / 02)838-0653(F)
노원점	서울시 노원구 동일로 1366 삼봉빌딩 지하 1층 02)938-7979 / 02)3391-6169(F)
분당점	경기도 성남시 분당구 황새울로 315 대현빌딩 3층 031)707-5566 / 031)707-4999(F)
일산점	경기도 고양시 일산서구 중앙로 1391 레이크타운 지휘 1층 031)916-8787 / 031)916-8788(F)
의정부점	경기도 의정부시 청사로47번길 12 성산타워 3층 031)845-0600 / 031)852-6930(F)
인터넷서점	www.lifebook.co.kr